忘れてはならないこと

「かまっこ祭り」を通じて、釜石の人たちと交流した

被災地での心温まるボランティア

亜細亜大学学長

池島政広

２０１３年の夏休み前後、経営学部ホスピタリティ・マネジメント学科の学生諸君から、全学を挙げて、東日本大震災の被災地でボランティア活動を行いたいとの申し出がありました。もろ手を挙げて賛成し、できる限りの支援をしたいと話しました。本学では、２０１１年の3・11の後、6月にボランティア活動を行っており、その際の状況は『東日本大震災ボランティア活動報告書』にまとめられています。その時の団長である学生の〝人は人でしか救えない〟というメッセージが印象に残っております。

今回のボランティア活動報告会にも伺いました。周到な準備をして、現場に出向き、直に悲惨な状況を見聞きし、想像を絶する津波の恐ろしさ、そして、普段から防災の心構えを持つことの大切さを実感されたことと思います。被災地の方々への支援を通じて、学生自身もいろいろな学習をして、物事を深く考え、積極的に行動していく必要性を痛感したに違いありません。

ある学外の会合で、今の若い日本人の学生たちは覇気がなく、極めて消極的であるとの発言がありました。その場で、確かにそのような学生がいることも事実ですが、東日本大震災の後、すぐにボランティア精神を持って、被災地に駆けつける多くの学生がいたことを忘れては困る、との反論をしました。その会合の多くのメンバーが賛同してくれたと思います。

２０１３年８月７日に、日本私立大学団体連合会・日本私立短期大学協会の主催で、岩手大学において「東日本大震災を超えて：大学のなすべきこと、できること」というテーマでシンポジウムが開催され、全国から多くの学長などが集まりました。その中で、印象的だったのは、学生ボランティア活動は被災者の〝心のケア〟に大きな貢献をしているとのことでした。日本全国から多くの若者が出向き、さらには、外国の大学との交流にまで発展しているケースもあります。復興がなかなか進まず、将来の見通しも不透明感が増していると聞きました。このような状況を踏まえ、大学としても、被災地のニーズに対応した復興の担い手となる人材を育成していく必要があるでしょう。

今回のボランティアの活動内容については、ぜひ、参加されていない他の学生にも知ってもらいたいものです。積極的に参加された学生、そして強く支援していただいた教職員の皆さんに敬意を表します。

現地・釜石から

地域の宝を映す鏡

一般社団法人　三陸ひとつなぎ自然学校
伊藤聡

２０１１年３月11日、東日本大震災が発生したあの日、海辺にほど近い旅館にいた私は、津波に追われるように裏山に逃げて一命を取り留め、皆で命をつないだ。あの日のことは今でも鮮明に覚えている。

翌日、朝早くから家族を探して歩き続け、変わり果てた街並みに涙し、友との再会に喜び、悲しい知らせに肩を落とす日々。ただ、先が見通せないほどの真っ暗闇の中でも、三陸人の諦めない復興の精神は、道を照らす一筋の希望となった。

「どうにかしないと、街が消えてしまうかもしれない……」

地域の再生を志し、復興の担い手となる覚悟を決めた。

震災から3年を迎えようとしている今、思い出されるのが数えきれないほどの人との出会いである。「どこから手を付けたらいいかわからない」瓦礫色に染まった街で、先が見えない絶望感から救ってくれたのは、全国から集う人の力。特に大学生の存在は偉大で、力の限り瓦礫の山に立ち向かう姿や、笑顔で接する若者に励まされた住民を見たときに、若者たちが地域の宝を映す鏡なのだと実感した。

復興とは何か？と問われることが多くなってきた。以前は形がないものを表現することに対して戸惑いや迷いがあったが、「復興とは地域の誇りを取り戻すこと」と今の自分は答えている。いまだ生まれ育った地域に帰ることすら叶わない人が多くいる東北においては、故郷の価値を実感し、誇りを持って住み続けられる地域づくりが求められている。東北の復興が日本の新しい地域づくりにつながると考えたとき、地域の宝を映す鏡の存在価値はこれからさらに増していくことだろう。

現地・大船渡から

ボランティアの力と無限の可能性

大船渡市社会福祉協議会
復興ボランティアセンター
チーフコーディネーター　伊藤　勉

大船渡市社会福祉協議会では震災翌日に災害ボランティアセンターを設置し、これまで3万人近いボランティアの協力をいただいてきました。

ボランティアは誰でもできる活動であり、あらゆる世代の方々が参加します。なかでも今回の東日本大震災では学生のボランティア活動が目立ったのではないかと感じています。当市においても、中高生から大学生までたくさんの学生に参加していただきました。ボランティアに参加するうえで大切なことは自分が何をするために被災地を訪問しているのか、誰のために活動するのか考えることであり、ここが大学生と中高生の違いになると思います。

亜細亜大学の学生は11月の活動を予定するにあたって8月に大船渡市を訪れ、活動したい旨をお話しいただきました。参加募集を行う前に受け入れについて相談し、活動内容についても十分協議しながら、当日まで丁寧に準備を進めてきました。文章にすると簡単なようですが、担当者は非常に苦労されたことと思います。

初日の活動を終えた反省会の場で、それぞれの目的を達成できたか、何を感じたか発表してもらいました。計画どおりに動けなかったグループ、まあまあ満足したグループなど、さまざまでしたが、「何も力になれなかったけど、笑顔を見て逆に元気をもらった」という感想がありました。災害から3年目を迎えた今でも多くの支援の申し出をいただきます。しかし、被災者の方々が特別支援を望んでいることは少ないのではないかと感じるときがあります。何かをしてもらいたいのではなく、何をするときも一人じゃない、誰かが寄り添っていてくれる〝つながり〟があることが安心につながっているのだと思います。支える気持ちが交流の輪に広がっていった、ボランティアにはそんな力が無限に秘められています。亜細亜大学の皆さんが今後も人と接する楽しさを感じ、明るい社会を切り開く一員となることを切に願っています。

感じ取り、動き出す

ボランティア研修ツアー団長
経営学部　ホスピタリティ・マネジメント学科　2年
田口清貴

ツアー実施までの経緯

突然巨大地震が起こったとき、私は高校2年生で学年末試験前だった。関東でも今までに感じたことのない長く大きな縦揺れが続いた。テレビの前では想像を絶する光景が広がっていた。陸地に大きな波が押し寄せ、家屋や船、乗用車が流れていた。まるで地獄を見ているかのような惨状だった。そして震災から2年が経過した昨年7月。私はゼミの研究室で『東日本大地震ボランティア活動報告書』という本を見つけた。これは、震災3カ月後の2011年6月に亜細亜大学学生有志で行ったボランティアの活動報告である。私は被災地へボランティアに行きたいという気持ちは持っていたが、なかなか初めの一歩を踏み出せないでいた。この時私は行くなら今しかないと思った。そしてすぐに動き出し、7月と夏季休暇を使って2度、被災地を訪問した。一度目の訪問は宮城県栗原市のくりこま高原自然学校代表の佐々木豊志さんにお会いした。佐々木さんは前回のボランティアでお世話になったRQ市民災害救援センターで活躍したお方だ。そこでは、震災当時のことや、震災後のボランティアの様子、現在の被災地の状況、現在求められていることなど、内容の濃いさまざまなことを教えていただいた。私自身現地に行くまでは、被災地にはがれきが残り、復興が全く進んでいないと思い込んでいた。そこでがれき撤去などのボランティアをしに行くと当初は想定していた。しかし今求められているのはそうではないことに気付いた。一番求められていることは被災者の心のケアと、風化されつつある震災の惨状と、被災地の復興が進んでいない現状を自分の周りの人に一人でも多く伝えることだ。

私たちは8月に行った2度目の被災地訪問で岩手県の宮古市社会協議会、大船渡市社会福祉協議会、三陸ひとつなぎ自然学校へと足を運んだ。ここでは、ボランティアツアー開催に向けた調整を行った。計40名の受け入れを承諾していただき、本格的に開催に向けた準備が始まった。震災から2年半が経過し、人数が集まるか心配していたが、説明会には多くの学生が参加してくれた。私は震災復興に対する学生の関心の高さにとても感心した。そして私たちはさまざまな問題を乗り越え、開催にこぎつけることができた。今回のボランティア企画に賛同いただいたすべての方にこの場をお借りして御礼申し上げます。

感じて動く

11月7日の夜に新宿駅を出発し、翌日11月8日朝、バスは陸前高田市を過ぎ、大船渡市へと向かった。私は2度の被災地訪問の際に「伝える」ことの重要さを強く感じた。東京にいると、被災地に関するニュースは原発関連のものが大半を占め、震災当時に比べて被災地のことはほとんど報道されなくなってしまった。被災地では、そんなに復興が進んだのだろうか。実際は違う。震災当時のがれきが山積みになり壊滅的な状態から、がれきが撤去され、家の基礎だけが残った広い土地が広がっている。テレビでは、復興が進んでいると感じても仕方がない状況だが、実はそうではない。がれきがなくなり、復興が進んでいるように見えるが、実際は被災地には閉塞感が漂っていた。震災後の仮設住宅の建設後、現在は復興住宅の建設が進められているが、いまだ仮設住宅からの移住は進んでいない現状だ。そんな中で、問題点の一つとして挙げられるのが、子どもたちの遊び場がないということだ。現在行われているボランティアには、被災した子どもたちの心のケアであったり、遊び場の提供であったりと、より被災者に近いボランティアが中心になっている。私たちは今回津波で汚れてしまった写真の洗浄、泥出し、仮設住宅訪問などの活動を行った。実際に現場に行き、被災者の方と直接向き合い、お話をすることで初めて知ること、考えさせられることがたくさんあった。被災地では、巨大な防波堤の建設計画が浮かび上がり、着工も始まっているところもある。さらに、津波によって流された気仙沼の大型船、200名以上が亡くなった釜石市鵜住居地区防災センターなど、取り壊しが決まり、津波が起こした惨状が徐々に消えていっている。それと同時に、国民の被災地に対する意識も下がっている。2年半という月日が経過し、当たり前といえば当たり前だが、私たちはもっと被災地のことを気にかけ、知り、伝えていくことが大切だと今回改めて感じた。

釜石市内の仮設住宅にて、子どもたちが話すことには必ず「津波」という言葉が出てくる。ある子どもは、毎晩今でも夢に津波の時の描写が出てくるそうだ。被災地の子どもたちは私たちの想像を超える大きなダメージを負っているのだ。そんな状況の中で、私たちにできることとはなんだろうと考えていた。被災地に行って感じることはたくさんあった。しかしこの感じたことをどうするか、ここが最も大切なことであると私は思う。冒頭「感動」という言葉を挙げた。辞書では「感動とはある物事に深い感銘を受けて強く心を動かされること」とある。私たちは被災地で見た光景、被災者の方から伺ったお話で深い感銘を受けた。そして心を動かされた。東京へ戻り今まで通りの生活に戻った今、新たな考え方を持った自分がどう動くことができるのか。また被災地に行く、友達や家族に思ったことを伝える。さらに自分に大きな震災が来たときのために、避難場所を確認したり、家族で集合場所を決めたりする。募金をする。それら、たとえどんな小さなことでも、微力なことでも、action を起こすことが極めて重要である。被災地ボランティアに参加したことが first action で、これからしていくことは second action になる。今回参加した40名がそれぞれの second action を起こすこと、これが今回のボランティアの最大の目的である。

今回は40名という人数で被災地を訪問した。40名それぞれ40通りの感じたことがある。そして40通りのこれからの活動が、被災地の復興に少しでも力になれたらと思う。そして「また行きたい」と感じ取ってくれた人が多かったのが私は一番うれしい。私は東北には縁もゆかりも全くない。しかし、初めて被災地へ行ったとき、「また行きたい」と思った。被災地についてもっと知りたい、そして自分にできることをしたいという思いからだ。このような感じ方をしてくれた人が多かったことが私の一番の「感動」であり、40人の「感動」をこれから羽ばたかせてほしい。

目次

被災地での心温まるボランティア　亜細亜大学　学長　池島政広　3

現地・釜石から
地域の宝を映す鏡　一般社団法人　三陸ひとつなぎ自然学校　伊藤聡　6

現地・大船渡から
ボランティアの力と無限の可能性　大船渡市社会福祉協議会　復興ボランティアセンター　チーフコーディネーター　伊藤勉　8

はじめに
感じ取り、動き出す　ボランティア研修ツアー団長　経営学部　ホスピタリティ・マネジメント学科　2年　田口清貴　12

ボランティア活動報告

釜石班 25

3年生

大船渡班

釜石のボランティア活動の終了、右端が三陸ひとつなぎ自然学校代表の伊藤聡さん

釜石班

ボランティア活動報告

釜石班　活動概要

2013年
11月7日　23:00

新宿駅西口発（夜行バス）

11月8日

被災地視察

・釜石駅→釜石湾防波堤→鵜住居地区
・松林清掃

現地視察の様子

200人以上が避難した2階ホール（釜石市鵜住居地区防災センター）

11月9日
3カ所にわかれ活動

かまっこ祭り

菜の花大地復興プロジェクト

にわか漁師すっぺし作り

植えた菜の花からとれた菜種油

かまっこ祭りのミーティングの様子

地元漁師の方と一緒に

11月10日　13:30

現地発

22:30

新宿駅西口着

岩手県
北リアス線
岩泉線
宮古市
山田線
いわて花巻空港
山田線
花巻市
遠野市
釜石
釜石線
三陸鉄道
南リアス線
大船渡市
陸前高田市
東北自動車道
一関市
気仙沼市
東北新幹線
気仙沼線
登米市
宮城県

未来の自分に何ができる

経営学部
ホスピタリティ・マネジメント学科　1年
辻雅史

ボランティアでできること

２０１１年３月11日から早くも２年もの時間が経過しようとしている。このたび、私は２０１１年11月７日から11日までの４日間、被災地である岩手県釜石市を訪問し、ボランティア活動をしてきた。誤解を恐れずにいわせてもらうと、このたびの私のボランティア活動が現地の人々の役に立ったかといったら、はっきり言って全く、役には立たなかったと思う。私は今回の活動で牡蠣の養殖の仕事を引き受けた。仕事といっても、もちろん無償で行うボランティア活動である。あの大地震の影響で、岩手の漁業は大きな打撃を受けたため、人の手が欲しいとのことであった。

養殖で育てる牡蠣はホタテの貝殻の表面に寄生して大きく育つ。しかし、そのホタテに張り付き、同じように大きく成長する生き物がほかにもいる。フジツボである。これを削り取って、牡蠣が大きくきれいに成長できる牡蠣の種を作るのが私の行ったボランティア活動の主な内容である。フジツボが張り付いた種は実に大ビールケース3つ分は作業場に置かれていた。私たちは4人がかりで、それも2日かけて、これらを2ケース空にすることができた。この仕事を手伝わせていただいた「にわか漁すっぺし」の佐々木さんはこれを一人で1日6ケース分仕上げてしまうという。

これから1カ月や半年も手伝う人間が来るならば、初日や2日目の仕事のペースが一流の職人にとても敵わないのは仕方のないことであるが、2日かけてもこれっぽっちしか仕事の手伝いをできなかったという事実はどうにも歯がゆい。作業方法の説明をする時間などの手間を考えれば、受け入れていただいた佐々木さんに経済的にプラスになったと言うには、あまりにも能天気な話ではないだろうか。

実をいうと、私はこのボランティアに参加するのをとても迷っていた。その迷いというのは、私が実際にボランティアという活動で何かができるのだろうか、という不安からくるものであった。結果的に不安通り、私は何もできなかったと思う。しかし、それで何もできませんでした、では終わらない。終わってはならないだろう。私はこの目で、人のいない海辺の町を見てきた。かつてそこにあった物がなくなってしまった跡形を見てきた。物言わぬ街の景色は、いまだに悲劇の爪痕を残していた。この残酷な現実を糧に、まずは備えをしなくてはならない。このように考えることができたことで、今回のボランティアに参加した成果としては、十分に過ぎると感じている。つまり、何が言いたいのかをまとめると、役に立つことはできなかったが、ボランティア活動に参加したことは自分にとってプラスに働いたということである。ただ、自分の中でプラスになっただけで終わらせるのではなく、少しでも多くの人に、特にボランティアを軽んじている人に、私がこのたびの旅で学んだことを伝えようと思う。

一寸先は闇

これは釜石市で実際に起きた出来事だ。津波の犠牲者が1000人を超す釜石市の小中学生は約3000人が津波から逃れた。このような結果をもたらしたのは日頃の防災対策であった。震災発生した直後から生徒たちは真っ先に高所へ避難し、その速やかな大避難を見かけた近隣住民もつられて高所へと避難し、隣の釜石小学校生徒を含め、たくさんの人々の命を救ったのだ。「率先避難者たれ」。津波避難の原則として釜石市の中学生はこのことを念頭に置いていたという。事前の大災害への備えが見事に実を結んだこの出来事は釜石の奇跡と呼ばれている。

一転して、釜石の悲劇の話を記す。釜石市の防災センターという建物がある。この防災センターは避難訓練の会場となっていた。その甲斐あって、訓練通りに200名もの人がこの防災センターに避難してしまっていた。ここは、津波警報が出た場合の避難場所としては指定されていなかったのだが、そんなことを思い出す余裕がある人は多くはなかったのだろう。結果、多くの人がわけもわからないうちに、津波にのまれて命を落とした。

防災センターと学校は距離にして数百メートルしか変わらない。いざという時に、命を救うためには事前に備えが必要である。私は、これらの悲劇も奇跡も、ただ事実として受け止めるだけでなく、自分の身に置き換えて自分を見つめ直すためのきっかけになればと強く思う。

自分を守る備えを

明日にでも、今にでも地震が起きてあなたの命と財産を脅かす可能性はある。被災地の復興に尽力をしてください、とは言わない。どうか、自分の命とそして自分の大切な存在を守るために、今一度何をするべきか、じっくりと考えてほしい。私にとって今回のボランティアは活動を通して、学ぶことの多い旅となった。もしこれを読んでいる人が「自分はなにをするべきか」と悩んでいるのならば被災地へ足を運ぶことを強く勧めたい。何かを「する」のではなく、「学ぶ」という気概で行くのもいいかもしれない。

最後に、今回のボランティアを企画してくださったゼミの先輩方、三陸ひとつなぎ自然学校の皆さま、そして岩手県釜石市に深く感謝の意を示し、本稿の結びとする。

牡蠣の養殖を行ったときの写真

訓練の重み

経営学部
ホスピタリティ・マネジメント学科　1年
小高佳桜里

東日本大震災への思い

震災からもう少しで3年が経とうとしている。多くの方が被災者となった東日本大震災であるが、時間とともに風化しつつあるのが現状である。今回のボランティア活動は、肉体労働が多かったわけではなかった。どちらかと言えば、今の被災地の現状を学ぶこと、また、今後どのように東北のことを考えていけばよいのかを考えるものであった。

奇跡と悲劇の残像

今回、私がボランティアに行った場所は、岩手県釜石市であった。この地では、数多くの被災者が亡くなっていた。釜石市には、釜石の奇跡と悲劇というものがある。どちらも、地震ではなく津波によって引き起こされたものであった。奇跡と悲劇という言葉から連想されるよう、一方は多くの方が助かり、もう一方では、たくさんの方が亡くなってしまうものであった。

私たちは、悲劇が起こった場所である釜石市鵜住居地区防災センターを訪れた。バスがその地へ向かうにつれ、段々と景色は変わってゆく。建物が消えていき、草木もなくなっていった。バスが到着し、外に出てみるとぽつんと白い建物が目に入ってきた。私はこの建物の中に足を踏み入れることを少し躊躇させるような、そんな雰囲気をどこからか感じていた。防災センターには、地震発生後多くの人が避難してきた。しかし実はこの防災センターは、避難場所となっていたわけではなかった。けれども、ここでは毎回避難訓練の場所として指定されていたため、多くの方が震災発生時も集まってしまった。本当の避難場所は、平地よりも少し高い所に作られたお寺であった。そして津波が、お寺に届くことはなかった。防災センターの中に入ると、目に飛び込んできたのは献花台であった。たくさんのお供え物があり、手紙やお花、絵などが置かれていた。その中には、おもちゃ等も置いてあり、小さい子も亡くなっていたことを思わせた。2階に移動し、当時多くの人が集まっていた場所、それとともにたくさんの人が亡くなった場所を見た。大きな部屋があり、周りの窓ガラスはすべて割れている。天井の方を見てみれば、薄っすらと色の境目が見えた。それは、この部屋の天井の方にまで津波が押し寄せたことを物語っている。ここで生き延びた方は、ほんの数名である。たまたま天井と津波の間にできた隙間で呼吸ができた人のみであった。また、屋上に避難した人も助かったわけだが、その梯子はとても見つけにくい場所にあった。そして、何よりお年寄りや小さい子は確実に上れないような高さに設置されていた。これでは、助かる命も助からないのではと思った。

続いて、釜石の奇跡である。防災センターから少し離れたところには、小中学校があった。この小中学校の生徒は、誰一人として亡くなった人はいない。この理由は、とにかく訓練の質にあった。もし地震が起きたら、次は津波に頭を切り替える。この切り替えが、今回の東日本大震災ではとても重要であった。生徒たちは、地震の後は直ちに山に向かって走り出していた。上級生は下級生の面倒を見て、この慌ただしい姿を周りの住人が目にすると自分たちも逃げなくてはという感情になる。今回、地震で命を落とした人より、津波で命を落とした人の方がはるかに多かった。これは、みんな津波に対しての意識が低かったことが理由に挙げられる。生徒たちは、学校に指定されている避難場所にたどり着く。しかしながら、この場所に津波が到達するかもしれないとわかった瞬間、一目散に高いところに避難し出した。これは、怖いから避難したわけではない。自分が率先して動くことで、周りに危険を呼びかけ逃げ出す気持ちを与えるのだ。

奇跡と悲劇が起きた時、時間にしてはほぼ同時だった。ほんの一秒のうちに、人々の運命は大きく変わってしまった。どちらも訓練をしていたのにも関わらず、結果が分かれてしまった。どれだけ本当に災害が起こった時を予測できているか。そしてそれを考えて訓練できているかが、とても大事だということがわかった。

この経験をどう生かすか

最後になるが今回ボランティアを通して、まだまだ被災地の方は心に傷を負っていると感じた。一見普通に見えるかもしれないが、津波に襲われる夢を今も見ている子どももいる。私たちが今回ボランティアをしたからといって、何かが大きく変わることはない。被災地の皆さんはまだまだ助けを必要としている部分がある。心のケアや、子どもと遊ぶこと、おしゃべりすることも被災地の方にとってはうれしいということが、今回わかった。この体験を、いつまでも大切にしていきたい。そしてぜひ、来年も釜石の方にお会いしたい。

釜石の悲劇の舞台となった防災センター前

百聞は一見に如かず

経営学部
ホスピタリティ・マネジメント学科　1年
塩川嵩也

初めに

2年生の先輩方から、東北にボランティアに行くことを企画していると聞いたのは前期のときだ。そのときは真剣に考えられていなくて、一応やってみようかなと軽い気持ちだった。ボランティア活動は今までにほとんどしたことがなく、やった内容も軽い草むしり・ゴミ拾い程度。このボランティアは自主的に動くことが必要で、経験の少ない自分が被災地で本当に力になれるのか不安だった。そして1年生から3年生の半分21人で釜石に行くことになった。

津波の力

初日は被災地の現状視察だった。バスで移動して最初に向かったのは、見晴らしのいい高台だ。リアス式海岸であるため、山や海が入り組む景色はとてもきれいに見えた。だが、このリアス式海岸による津波が恐ろしい悲劇を起こした。「あそこに出ている岩はなんだと思う?」と伊藤さんにたずねられ、広がる海の中にあるその岩が何のためにあるのか全く見当もつかなかった。「これはギネス記録に登録されている防波堤だよ」と正解が出されたが、しばらく信じられなかった。お話を聞いたもともとの大きさと今見ているものの大きさがはるかに違い過ぎている。津波による影響で元の形がわからないほど壊れてしまっている。津波の恐ろしさを釜石で初めて思い知った。

そして次に向かったのは、鵜住居の鵜住居地区防災センター。テレビでも放送される有名な被災地で、多くの人がここに逃げ込み津波にのまれてしまった。窓ガラスは割れて壁はボロボロ。外観を見ただけでもその被害はよくわかる。中は何もないスカスカの状態で、天井から鉄骨が飛び出していた。奥に行くとそこで亡くなった方のためのお花やおもちゃ、手紙が並べられていて、すごく悲しい気持ちになった。二階に行くと大広間がある。その大広間に逃げ込んだ大勢の方が亡くなった。唯一生き残れたのはカーテンにしがみついて20センチの隙間から顔を出せた人と、屋上への行き方を知っていたほんの少しの人たちだ。押し寄せる津波の恐怖はどれだけのものだったのだろうか。きっと想像ではわからない程のものだっただろう。この鵜住居地区防災センターは12月に取り壊されてしまうという。その取り壊しに反対するべく、遺族の方が取り壊しをやめてもらうよう求める手紙が張られていた。きっと家族がここにいた場所は、悲しくもあるが大切な場所だろう。生きてここにいた最後の名残が消えるにはまだまだ早いはずだ。だから自分も防災センターはまだ壊さないでほしいと思う。

防災センターの後は宝来館という旅館に行った。そこも津波が迫った場所で、宝来館の強みは、海から高いところにあり津波が来ないことだったという。しかし津波はその強みを打ち破り、宝来館の周りの人々をのんでいった。その時の動画を伊藤さんから見せていただいた。伊藤さんを含め、宝来館の裏の山に登り逃げた人は助かったが、その山に向かう途中で間に合わなかった人たちは津波に遭ってしまうものだ。動画の中では終始悲鳴などの叫び声が飛び交っており、津波の恐怖を物語っていた。これを見た後は自分も班の人たちもみんな声を発せなかった。それほどに恐ろしかった。その場所を改めて目で見たとき、登るか登らないか。高い

壁の黒い横線まで津波がきていた。天井との隙間わずか20センチ程の隙間から顔を出せた人は助かった

山ではないが登った人はのまれなかったことに、少しの行動の差で大きく変わると感じた。

子どもたちのパワー

2日目、3日目はかまっこ祭りというお祭りだ。仮設住宅に住んでいる子どもたちがメインとなるのだが、お年寄りの方まで一緒に参加しお祭りを行う。かまっこ祭りでは子どもたちの描いてくれた絵が通貨となっており、現金は使えない。その通貨を使用して、お祭り内でのたこ焼き・豚汁などの飲食や、射的やストラックアウトなどのゲームが行えるようになっている。その通貨は1人10枚までと決められていて、それがなくなってしまったら、お祭り内でアルバイトをしてもらい、通貨を渡すという流れだ。2日目、3日目の時と、場所が変わり、触れ合えた子どもは違うのだが、二日間行った感想は、どちらも子どもたちがすごく元気。そしてとてもしっかりとしていたことだ。お祭りで買って食べて遊んでくれるものだと思っていたら、お祭りの営業に参加して「家ではこうだよ！」「これは向こうに届けに行くね！」と進んで動く。普段子どもと関わる機会が一切ないため、純粋に楽しかったたし、たくさんのエネルギーを受け取ることができた。

かまっこ祭りで一番の印象に残っているものは、仮設住宅に住むおじさんのお話だ。そのおじさんは明るく冗談を言うような楽しい方だ。お話では二つのことを言っていた。「震災からもう2年経っているが、子どもたちはいまだに黒い津波が来る夢を見てしまう。だけどその中で助けてもらうだけでなく、自分たちで自立していかないといけない。だから本当はもうボランティアには来てほしくない」ということ。そして2つ目に、「しかし実際にはそれはまだまだ先の話になってしまう。自分たちはまだ当分ここにいることになってしまうから、また来年も来てほしい」ということだった。津波で残された消えない嫌な記憶、自立したいけどできない現状。当たり前ではあるが、明るかった被災地の方々の心には傷が残っていた。その中で、こうして次に向けて積極的に暮らしている被災地の方々は本当に強いと感じた。

　今回のボランティアでは文字では伝えきれないことがまだまだたくさんある。その中で絞って書いたのだが、自分が一番言いたいと思ったことは「伝える」ということだ。震災の被害の大きさ、いまだ悲しみが消えていない人、またボランティアに来てほしいと思っている人。これらはちゃんと伝えていかなければならない。ただボランティアに行って満足するのではなく、次につなげるための行動を起こさなければならないと学んだ。だから自分はボランティアに参加できなかった人や、震災を忘れてしまった人に「伝える」ことをしていきたい。

ネクストアクション

経営学部
ホスピタリティ・マネジメント学科　1年
後藤謙太

決心

２０１１年3月11日。私はそのとき高校で部活動に励んでいた。グラウンドでも地震の揺れを感じ、のちに東北で大変な状況になっていたことを知った。当時は「ボランティアは行く機会があればいいいな」と思うくらい。そのうちどんどん年月が経ち、今さら感がでてしまい今日に至ってしまった。このようなボランティア・ツアーを企画していただいた先輩たちに感謝したい。「震災できっと重い雰囲気になっているのではないか。どんな心境で行けばいいのだろう」。この文が頭をよぎった。かまっこ祭りという子どもたちと触れ合う機会も予定されているので、なおさらどのように接すればいいいか戸惑いを感じた。しかし後々この考えがいい意味で裏切られることとなる。

奇跡と悲劇

今回のボランティア・ツアーは釜石班と宮古・大船渡班の計40名で行くこととなった。私を含め20人が釜石を訪れた。初日はＪＲ釜石駅から現地で活動している三陸ひとつなぎ自然学校の伊藤さんと合流し釜石市内を回ることとなった。私たちが見た光景。そこは一言でいうと「まだ未開発地域ではないか」と考えてしまうほど。草が生い茂り、あたり一面見渡しても家がない。震災前の写真と見比べても誰が釜石だと思うのだろうかというほどすっかり変わり果ててしまった。次に訪れた釜石市鵜住居地区防災センター。そこでは「釜石の悲劇」と「釜石の奇跡」を学んだ。釜石市鵜住居地区防災センターでは２００人もの人が津波で流され命を失ったという。想定外の高さの津波が起きたのだ。一方そこから数百メートルしか離れていない鵜住居小学校と釜石東中学校。そこでは生徒全員の命が助かったそうだ。「少しでも高いところへ逃げる」。定期的に防災訓練を行っていた中学生のこの行動が小学生、２つの学校付近にいた人までを救ったのだ。たった数百メートルしか離れていない２つの場所。「ここは安全」と、思い込んではいけないことを学んだ。次に宝来館という旅館を訪れた。そこは震災の日、伊藤さんが働いていた場所だそうだ。当時の状況の動画を見せてもらった。実際起きた場所に立って見た動画に生々しさを感じ、言葉が出なかった。しかしあらかじめ何かあったときのために旅館の裏の山に避難場所を作っていた。それによりその付近の人全員が無事だったそうだ。作るのにはお金はかかったそうだが、こういう日頃からの対策の重要さを知った。その日の活動はこれで終わった。2日目、釜石班の中で「かまっこ祭り」、「菜の花プロジェクト」、「にわか漁師すっぺし」の3チームに分かれた。私はかまっこ祭りに配属され、私を含め7人で鵜住居の仮設住宅へと向かった。子どもたちとはどう接すればいいのだろうか。祭りが始まりそうになるにつれ不安が強くなっていった。本来ならば私たちが子どもに手本を見せるべきなのだろう。しかし小学6年生の野球少年を中心に、子どもたちが大きな声で接客をし、「かまっこ祭り」を盛り上げてくれた。その後も子どもたちを含め大人までもが店員になりみんなでかまっこ祭りを楽しんだ。祭りを終えた後、懇親会を開いていただいた。話を聞くところによると、子どもたちはいまだ津波の夢を見るそうだ。それも真っ黒な津波。それでも今日の姿を見る限り「子どもは強い」そう思えた。懇親会も終え2日目の活動が終わった。3日目、かまっこ祭りは栗林仮設住宅へ舞台をかえた。小学校低学年の子どもが多く、とにかく元気いっぱいだった。私はストラックアウトを担当した。ここで野球が大好きな少年と出会った。「一緒にキャッチボールしよう」と少年の方から声をかけてもらい、そのときまで少し感じていた壁がなくなった気がした。将来の夢を聞いてみるとプロ野球選手になることだそうだ。ぜひプロ野球選手になって東北に元気をもたらしてほしいものだ。この2日間は子どもたちを盛り上げようと考えていたにも関わらず、私が元気をもらったかまっこ祭りとなった。こうしてあっという間の2泊4日のボランティア・ツアーを終えた。

次へのステップ

今回はこのようにみんなのレポートをまとめ、1冊の本を出すことになったが、これを読む人にはこれだけの内容だと思ってほしくない。本当にこのレポートでは記せないほどたくさんのことを学んだ。自分のネクストアクションとして、今回の経験を生かし「続ける」というのをキーワードにして取り組んでいきたい。私たちが今できることには限りがあるかもしれない。今こそ若者たちが立ち上がるべきではないか。「来年もやりたい!」ではなく、「来年もやる!」。

地元の方々が仮設住宅を出るその日まで。

元ＪＲ山田線鵜住居駅のホーム

初めてから得たもの

経営学部
経営学科　1年
陸川沙織

行きたい

3・11が起こるまで、私は「ボランティアをしたい」と自分からはそれほど思わなかった。だが東日本大震災が起こりテレビや新聞などを見て、いろいろと考えさせられた。これを機に被災地に行きたい、ボランティアをしたいと自分から思うようになった。

メールで岩手県への被災地ボランティア研修ツアーのことを知り、話を聞いて改めてボランティアへ行きたいと思った。普段行く機会はめったにないし、大学でこのようなツアーを開催することも知らなかった。被災地に行くのは初めてだし、東北へ行くのも初めてだった。被災地の現状を見たり、そこに住んでいる人たちを見ることに不安はあったが、少しでも力になりたいという気持ちで参加することを決めた。結果、今回の2泊4日を終えて得るものはたくさんあり、行ってよかったと心から思うことができた。

思った以上に

2日目、私たちが3日間お世話になる伊藤さんが釜石の案内をしてくれた。当時の地元の人たちの状況などもいろいろ話してくれた。数年前に起きたとは考えられないことばかりだった。実際津波が来たところ、浸水したところ、建物がなくなっていたり壊れているところを見た。テレビを通しては見たことがあったが、実際に見ると全然違って見えた。津波の高さも、自分が並ぶと身長の倍以上の高さまであることは、わかっていても改めて恐怖を感じた。JRの駅では、駅だったことすらわからなくなっていて、線路やホームがほとんどなくなっているのもあった。ギネスにも載っている世界一の防波堤は、深さが世界一だったにもかかわらず、今回の震災で北にある北堤が半分くらい壊れてしまった。現在は修復中だが、この修復には反対派も多かった。防波堤のおかげで釜石の海岸への津波の到着を6分遅らせた。伊藤さんの奥さんもこの6分間で助かったうちの一人だった。一方では、30年かけて134億円も費やし完成したのに、震災が起こりたった2年で壊れてしまったうえ、防波堤で跳ね返った津波が隣の湾に被害を及ぼしたのではないかという意見もあり、反対派も多数いた。普段の生活での6分間はとても短い。それなのにその6分で何人の命が助かったかを考えるとあってよかったと思う。しかし、費用面や被害に遭ったとされる隣の湾を考えると防波堤に賛成と言いきることはできなかった。

もし今回ボランティアで岩手に行っていなかったら、もし東京にいたらこの現状を知らなかったかもしれない。そう考えたら、私の記憶から少しずつ3・11のことが離れていたと改めて感じた。3・11のことを今でも少しは知っていると思っていたが、話を聞いて現状を見て、ほとんど知らなかったと思い知らされた。

逆に良いこともあった。それは被災地の人たちだ。こんなにも皆が元気だとは正直思っていなかった。挨拶をすれば、全く知らない人でもみんな笑顔で返してくれた。向こうから話しかけてくれる人もいた。お店で食べ物を買ったときは、「来てくれてありがとう」とサービスでお菓子をくれた人もいた。みんな

JRの駅が津波によって被害に遭い、ホームや線路が流されてしまった

心がとても温かくて、とてもうれしかった。

4日目の昼、水車祭りに行ったときは市長さんたちが餅投げをやっていて、とにかくお年寄りのすごさに圧倒された。私が飛ばされるぐらいのものすごい力で、市長さんたちが投げる餅をとっていた。餅をとるために持参の袋を開けて構えていたり、タオルを広げていたりと人によってさまざまで、その光景にとても驚いたことを今でもはっきりと覚えている。それと同時に、これだけのお年寄りや地元の人たちが元気でいることにとてもうれしくなった。

初めてのことばかり

2泊4日を通して本当にたくさんのことを経験し、学ぶことができた。初めてのボランティアで岩手までの9時間弱の車中泊から始まり、釜石市の現状を知ることができ、保育所で寝袋での寝泊まりや薪ストーブに使う薪割り、わら運びなど普段できないようなことばかりだった。夜に保育所の外から見た星空もとても印象的だった。初めて夜空一面の星を見て、流れ星も見ることができた。東京では絶対に見られない星の数で、本当に驚いた。

改めて震災についても深く考えさせられた4日間だった。今後の自分自身の行動ややるべきことは何か。今できることは何なのか。今まで考えてこなかったこともこれからは考えていきたいと思った。今回の東北での岩手ボランティアを通して自分の考え方が少し変わった気がした。初めての経験は私にたくさんのものを与えてくれた。これからも自ら積極的に被災地だけではなく、さまざまなボランティアに参加していきたいと思った。

はじまり

経営学部
経営学科　1年
江頭歩美

小さな勇気

大学のゼミで被災地にボランティアへ行くという内容のメールが届いた。その送られてきたメールに私はとても興味を持った。

まず〝被災地に行ける〟ということ。震災から3年が経ち東京でなにも困ることなく生活できている自分がいる。また、新聞などでも被災地へのボランティア参加者の減少が報じられている。私はまだ被災地に足を運んでいなかったし、このタイミングで被災地に行くことも震災を違う視点から見られるのではないかと思った。

次に〝ボランティア〟という言葉。関心こそあったものの自分で応募するほどの行動力が私にはなかった。せっかく機会が与えられているのだからこれを逃すのはもったいない。率直にそう思った。次の日学校へ行くと友人の一人が同じようなことを考えていたことがわかったので今回のボランティアへの参加を決心した。

現地で感じたこと

私は2日目の被災地体験ツアーが今回の体験で一番印象に残った。今、自分が立っている場所でテレビなどで報道された出来事があったということは、わかっているはずなのにどこか現実味がなかった。「この辺りまで津波がきたのだよ」「ここは以前住宅街だったところだ」。3日間私たちと一緒に行動してくれたボランティアの伊藤さんが各所で説明してくれた。どの言葉も信じがたいものばかりだった。震災から3年が経っている今でも仮設住宅がいくつも立っていた。2日目の昼食も仮設の商店街でとった。やはり仮設住宅が並んでいる光景は東京に住んでいる私たちからしたら異様である。実際に現地を回って震災の跡がまだまだ消えていないということを目の当たりにした。

そして現地を回って一番衝撃を受けた場所が釜石市鵜住居地区防災センターである。〝釜石の悲劇〟とされたその建物は窓が割れ、外見からもその悲惨さがうかがえた。入ってまず全員で黙とうし、黙とうした場所では被災者へのお供え物がいくつもあった。そのなかに「おばあちゃん、ぼくはしょうがくせいになりました。おそらからみまもっててね」というメッセージつきの絵が置いてあった。それを見てここで人が亡くなったということがひしひしと伝わり、いったい何人の人がこのような悲しい別れを余儀なくされたのだろう、と災害の恐ろしさを感じた。また、中の状況もひどいものだった。壁は剝がれ、エレベーターも原形をとどめておらず中が丸見えだった。壁の天井近くに薄く茶色い線が入っていて伊藤さんによるとその線まで水が入ってきたという。二階だというのに天井スレスレにまで水が入ってくるなんて当時の悲惨さが伝わってきた。そんな状況のなかで助かることのできた人は屋上の上へと続く階段を上れる人だったという。その階段の上りはじめの位置はちょうど私の顔と同じ位置だった。このような高さだと上れるのは力のある若い人たちだけである。生死の境目ともいえるその階段を私はただ見つめることしかできなかった。建物から出るとき遺族の方と思われる人たちとすれ違った。この建物の取り壊しについて市と遺族とで意見の食い違いがあったようだが、建物自体は取り壊してもお祈りができる場所になるという。正直精神的ダメージが多かったけれど実

釜石市鵜住居地区防災センターの様子

際に見て感じることができてよかったと思った。

3日目、4日目はグループごとに分かれて本格的にボランティア活動を行った。私は菜の花プロジェクトのグループに配属された。最初にこのグループだとわかったとき、正直菜の花がなぜ復興につながるのかイメージしづらかった。花が咲いたらきれいだから、跡地に自然が増えたらいいから、その程度のことしか考えられずとにかく頑張ろうと思っていた。しかし現地の佐々木さんが説明してくれたプロジェクトはもっと壮大なものだった。

耕田や転作田を活用して菜の花を栽培し菜の花は観光などに利用されながら、やがて実をつけ、刈り取られたナタネは搾油される。搾油のときに生まれる油かすは飼料や肥料として有効活用され、家庭や学校からの廃食油は地域の協力により回収され、せっけんやＢＤＦにリサイクルされ、再び地域で利活用される。このように、無駄になるものをできるだけ少なくし、少ない資源を生かしていくというものだった。菜の花からこのようにエネルギーが作り出されているのにとても驚いた。また、空き家をリフォームし現地の人と交流できる場とする活動も行われていた。「とにかく楽しい場所にしたい」そう話す佐々木さんもエネルギーに満ち溢れていて、本当にここがそんな場所になったら素敵だと思った。その空き家の屋上も案内してもらった。５月になると屋上から菜の花を一望できるという。きれいに咲く菜の花をこの目で見たいと思った。実際に私たちが行った活動はひたすら木を折り、ビニールハウスを片付けるなどの作業だが、人数がいないとできないことである。この活動がプロジェクトの一部として成り立っていると考えるととてもやりがいを感じた。

スタート

今、自分にできることはほんの些細なことかもしれない。けれどその些細なことをやらなければ前に進めない。一人一人が意思を持って取り組めばどんなこともやり遂げられるのではないかと今回のボランティア活動を通して思った。また、被災地に一回行っただけではいけないと思った。被災された方々の傷は簡単に消えるものではないし、まだまだ現状は甘くないということを実際現地へ行ってみて感じたからである。そして今まで勇気がなくできなかったボランティア活動は今回をはじめとし、続けていきたいと思った。

傍観者のままでいるのか

経営学部
ホスピタリティ・マネジメント学科　2年
加瀬安菜

傍観者でいること

東日本大震災から2年半経った今、被災地のことが忘れられてきているのが現実だと思う。実際、私自身がそうであるからだ。そこで今回、2年半経った今だからこそ私たち学生に何ができるのだろうと話し合い、2年ゼミが中心となり、有志団体で岩手県に4日間の震災ボランティアに行くことが決定したのだ。

私の住んでいた地区は当時、停電になったため、その頃東北であの未曾有の大津波が起きているなんて全く知らず、震災の翌日にテレビがついたときに見た光景には「これは本当に日本なのか」と目を疑った。昨日まで普通にあった街並みがまるごと流され姿を消している。家も街も、そして人も消し去った津波の恐ろしさに言葉が出なかった。それからは被災地復興のために、たくさんの人々がボランティアとして現地に足を運んだが自分は行動に移せず、ただの傍観者に過ぎなかった。しかし今回、総勢40名で現地に足を運ぶことになり、初めてでとても不安だった。今まで画面を通じて得た情報だけでは、わからないことの方がずっと多いからだ。だからこそ、自分で行き、実際の目で見てみて感じるものは何なのか。それを学び、現状を知るため、そして学んだことを伝えるために私たちは出発した。

実際の被災地とは

今回私たちが向かったのは、岩手県釜石市と大船渡・宮古市だ。3つとも被害が大きかったところで今でも震災の爪痕が大きく残る場所である。私は釜石班の一人として現地で3日間活動した。11月7日、夜行バスで東京を出発し、8日の朝現地に到着した。釜石班は3日間NPOの方たちにお世話になりながら活動した。1日目の視察では、伊藤さんと根本さんに震災当時の釜石市の状況説明を実際の場所で、とても詳しく聞くことができた。まず私たちは釜石駅からバスで釜石大観音へ向かった。そこでは釜石湾を見下ろす高さ48・5メートルの観音像や、釜石の防波堤についての説明を受けた。北堤と南堤からなる防波堤は、深さ63メートルもあり、2010年に世界最大水深の防波堤としてギネスブックに登録されているのだ。この防波堤があったおかげで当時、津波の到達を6分ほど遅らせることができたと伊藤さんは話してくれた。この6分はとても大きく、助かった命も少なくないという。しかし、この世界最大の防波堤は3・11に崩壊した。1300億円もの大金と30年もの年月をかけて造られたが完成した2年後には崩壊してしまったのだ。そこで今、防波堤の再建工事が行われている。この再建についての意見はさまざまであり、反対の声も多いという。巨大な防波堤を再び造ることでもちろん環境面への負担も大きく、3・11を食い止めることができず30年もかけて造った防波堤を今度はたった5年で490億かけて造るのだ。本当に国民の安全を第一に考えるのなら、それに対するこれからの対策を政府はきちんと出してほしいと思った。

この現地視察で最も印象に残っている建物がある。それは「鵜住居地区防災センター」だ。ここは何度かテレビで特集されているのを見たことがあったが、実際に自分の目で見て、足を踏み入れてみるとまるで震災から時が止まっているような場所だった。建物は震災当時そのままの状態で残されており、1階は津波にまるごとのまれて骨組みがむきだしだった。震災当時、防災センターには２００人以上もの市民が避難していた。それもそのはずで、震災が起こる８日前の３月３日に防災センターで避難訓練をしたばかりだからだ。しかし、防災センターは指定の避難場所として登録されておらず、訓練時に高台や山へ避難するのはお年寄りにとって大変だ、などの意見により訓練場所が「防災センター」になっていったという。こういったことから多くの犠牲者を出すという悲惨な事態になってしまった。ここで生き残ったのは30名ほどだという。津波は2階の天井まで跡が残っていた。ここに来れば安心、誰もがそう思ってここに避難してきたのだろう。建物の中にはたくさんの花や手紙などが捧げられていた。その手紙の内容は自分の娘さんとそのお腹の中にいる孫宛てだった。読んでいると、こんなに辛く悲しい現実を背負って生きている人たちがここにはたくさんいるのだということに改めて気付かされた。この防災センターは取り壊しが決定されたが、この悲惨な出来事を私たちは知っておかねばならない。

鵜住居地区防災センターにて。たくさんの花や手紙などが捧げられていた

被災地支援の「はじまり」

2日目と3日目、私はNPOの方たちと子どもたち主催の「かまっこ祭り」に参加した。初日は鵜住居町、2日目は栗林町の仮設住宅で行われた。そこで私たち学生は、地元のお母さん方とやきそばやたこ焼きといった出店、子どもたちと遊べるゲームを提供する。ここで私たちは子どもたちととても仲良くなることができた。とても人懐っこくて明るく、積極的に手伝いをしてくれる活発な子ばかりで驚いた。お祭りが終わった後、地元の方たちが打ち上げに参加させてくれてそこでは貴重な話を聞くことができた。明るい子どもたちばかりだったが、全員震災を経験していて、いまだに津波の夢を見ることがあるという。震災は子どもたちの記憶から決して消えることはなく大きな爪痕として残っているのだ。それを抱えながら、明るく過ごしている子どもたちを見てとても逞しく思った。帰り際にはまた絶対に来てね、待ってるからねと何度も手を振ってくれた。NPOの方に後から「子どもたちのあんな笑顔を久しぶりに見ることができた」と父兄の方たちが言っていたと聞いてとってもうれしくなった。今回、私たちはボランティアとして釜石市に来たがもはやその枠を超えている、と伊藤さんは言っていた。「助ける」というよりも共に何かをしたり、逆に私たちが多くのことを学んだ。この4日間のボランティアで自分の目で見て、感じることがいかに重要なことかわかった。今まではただの傍観者であって何も知らなかった。被災地に行ってみて、子どもたちと話してみることで、知っておかなくてはならない現状を知ることができる。そして、これからはその事実を伝えていくことで、被災地の復興にもつながっていくと思う。今回のボランティアをひとつの私の被災地支援の「はじまり」としてこれからへつなげたい。

小さいことの積み重ねが大事

経営学部
ホスピタリティ・マネジメント学科　２年
宮阪貴哉

まず初めに今回のボランティア研修ツアーに参加することができて本当に心からよかったと感じている。そんな気持ちでいっぱいである。今回のボランティア研修ツアーは企画側として参加し、いろいろと準備が大変だった。同時に成功するのかという不安もあった。しかし、ボランティア研修ツアー当日になると、自分でもわからないくらいのボランティアに対してのやる気に満ち溢れた。

釜石を支えた鉄

私は、今回３日間釜石市を担当していた。釜石駅に到着した際、出迎えてくれた方が今回３日間お世話になった、三陸ひとつなぎ自然学校を設立した伊藤聡さんである。私は今回のボランティアでこの方と出会えたことが本当によかったことだと考えている。ボランティア初日はバスで被災地の現状を視察した。その際ガイドをしてくれたのは伊藤さんである。バス移動の際に、建物や土地が見えるたびに一つ一つ丁寧に自分の体験も交えて震災の時と今との比較をして話をしてくださった。例えば、震災時津波がここまで来たとか、元はなにがあったとか、詳しく教えてくださった。今はもうきれいに整備されている所が多く、雑草が広がり、家などがあったとは思えなかった。想像を超えた津波が来たことを現地に行って再確認し、とても悲しい気持ちになった。私は震災があったとき、テレビで津波の様子を見て、現実にこんな恐ろしいことが起きているのだろうかと半信半疑だった。同時になにもできなかった自分が悔しかった。今回現地に行ってその感情が再びよみがえった。最初に訪れたのは鉄の歴史館の近くにある高台である。ここで多くの釜石市のことや、震災時の波について知ることができた。釜石市では鉄が有名。車のホイールなどに使われているそうだ。そのため、車なども多く保管していたそうだが、津波ですべて流れてしまったそうだ。また、鉄道ができた順の第3位で、1位の東京、2位の大阪に釜石が続くということにもとても驚いた。

避難訓練の悲劇

高台では、釜石湾に津波が実際どのくらいきたのか、防波堤が役に立ったその仕組みを学んだ。私は防波堤と防潮堤があることを知った。防潮堤とは海岸などでよく目にするもので、防波堤は海の中に存在した。ちなみにこの釜石湾の防波堤はギネスブックに載っているそうだ。理由としては水深が63メートルもあり世界最大の水深の防波堤として認定されたからだそうだ。この防波堤は震災の起きる2年前に完成し、完成するまでに30年かかったという。お金も1300億円かかったそうだ。しかし、その防波堤のおかげで助かった人も大勢いる。この防波堤がなんと津波の威力を半減し同時に到着を6分も遅らせたという。その6分のおかげで伊藤さんの家族も助かったそうだ。しかし、このような説もある。釜石湾では津波の威力が半減したが、反対に北にある両石湾に大きい津波が来てしまったのだ。そのため、この防波堤には賛否両論あるという。私はほかに被害の出ないような防波堤であれば賛成だが、この話を聞いてしまうと防波堤が本当に良いものなのだろうかと考えてしまった。

高台を離れ、バスに乗車すると仮設住宅が見えてきた。伊藤さんは「仮設住宅は家電もついているから悪くはない。ほかと比べてよいのは壁に磁石が付くことだ」と笑って話をしてくれていたが、釜石だけで仮設住宅は66か所、3000世帯、6000人という数字を聞いてしまった。いくら仮設住宅が便利でもやっぱり家が欲しいと願っている人がほとんどだ。自分の家が流されてしまった方がこんなにもいると改めて聞くと胸が痛かった。その後、鵜住居地区防災センターを訪れた。現地にきて、被災した建物を間近で見たのはこれが初めてだった。鵜住居地区防災センターは以前ニュース番組でも見たことがあり、実際に足を踏み入れてみると、とても悲しい気持ちになった。ここまで津波がきたというラインも残っており、想像しただけで震えた。わずかに顔を出して生き延びた人もいたそうだが、子どもからお年寄りまでいたため、全員は助からなかったそうだ。その後、釜石の奇跡と悲劇を目の当たりにした。地域の小中学生が必死に高い所に避難したおかげでその集団にほかの地域の方々もついていき、助かった人が多かったという。そのこととは逆に、いつも行っていた避難訓練が逆に悲劇を生んだという話も聞いた。結論から話すと神社には津波の被害はなかった。普段避難場所として海に近い所の建物に避難していた方々は、神社の方からわざわざそこまで避難しに行き、津波に襲われてしまった。そういうこともあるのだ。

小さなことをコツコツと

その後、松林清掃を行った。マツボックリロードの作成、伊藤さんが実際に避難したという所と、そのとき撮った動画を比較してみたが想像を絶するものだった。2日目、3日目は菜の花大地復興プロジェクトに参加した。これは天ぷらの油などを再利用して車を走らせている、ボランティア団体の方たちが行っていることで、菜の花で菜種油を製作している。日本の油は、実はほとんどが外国産のもので、菜種油はとても良い油なのだと教えていただいた。しかし、私たちが行った内容としては、それまでの過程である木の枝を切って細かくしたり、ビニールシートの中をきれいにしたりという小さいことだった。しかし、この小さいことを私たちが行ったことに、担当者の方たちはとても助かったと喜んでくださり、私はとてもうれしかった。この3日間で私が学んだことは、小さいことの一つ一つの積み重ねが大事だということだ。松林清掃から始まり、木の枝を切ったり小さくしたり運んだりと、小さいことを一つ一つ行っていくことの大切さを実感した。「とても助かった。なかなかこの作業が進まなかったの」と現地の方々に声をかけてもらい、本当にうれしかった。復興作業も小さいことの積み重ねで復興していく。そのため、私たちのように若い人間が、もっともっと東北に小さいことでいいからボランティアをしに行ってほしい。そう考えさせられた3日間であった。

一日目に行った釜石湾を眺めることができる高台。防波堤も見える

率先者たれ

経営学部
ホスピタリティ・マネジメント学科　２年
武田明莉

きっかけと反省

窮屈なバスから降りると外は凍りつくような寒さと吹き飛ばされるような風。早くも、もっと防寒をしてくればよかったと後悔。同時に東北はこんなに寒いものなのかと驚いた。

事の発端は７月に起きた。私のいるゼミナールの仲間が被災地にボランティアをしに行きたい、と言ったことが始まりである。その旨を聞いて純粋に行きたいと思った。なぜなら、１年次のゼミで活動報告書を読んでいたからだ。これは、以前先輩たちが被災地にボランティアに行ったときに作成したまとめであった。心の片隅に、被災地へボランティアに行きたいという気持ちがあった。それを実際に形にできるのだ。田口君はそのきっかけをつくってくれた。

7月中旬にはホスピタリティ・マネジメント学科の各ゼミで紹介させていただいた。普段から交友関係のある友達にゼミとして何かを伝えるというのは初めてだったのでうまく伝わっているか不安だった。結果として40人で行くことができたがもっと参加したいという人が集まってもいいのではないかと思った。これは私たちの準備不足やプレゼン能力が不十分でうまく伝わらなかったのだと思う。リーダーシップは大切、とよくいうが今回の準備段階で一番痛感させられた。他学部はgmailを利用して伝えていたが、私たちの学部にはそもそもgmail自体を見る人が少なかったのだ。

夏休みも終わり、本格的に活動が始まる。説明会を開き参加者を募った。しかし圧倒的にホスピタリティ学科が多く、他学部は数人だった。留学生も来てくれたが日程が合わず結局不参加となった。夏休み前からの募集の効果が表れているのかはわからないが、その効果は低いと感じた。

人数が確定し、班分けをした。私の班は20人でうち2人以外は顔と名前が一致していた。

企画書を作成するのは初めてでどう書き始めていいのかもわからない状態で作った。それが、今回私がリーダーを務めることになった釜石班の「かまっこ祭り」で出すブースの出し物だった。内容は、ストラックアウト。これは遠くにある的に書いてある数字にボールを投げて当てる。数字に当たった分だけお菓子がもらえるというスタイルにした。この企画はNGOの方も忙しく、なかなか連絡がうまくとれなかったため、ぎりぎりに内容が確定した。

「最善を尽くす」

そして7日の夜、夜行バスで行き、現地に予定の1時間前に着いてしまった。バスは思ったよりも窮屈で疲れた。宮古、大船渡班を降ろしそのまま釜石の現地視察。

NGOの伊藤さんにガイドをしていただいた。釜石の被災場所はとても残酷で、生と死が隣り合わせだということがわかった。一番衝撃を受けたのは中学生の話であり、実際に中学校と小学校があった場所に行った。そこはもう跡形もなくただ何もない更地になっていた。釜石の奇跡と言われたこと。それは中学生の行動が導いた。そこの中学生は防災訓練を受けている生徒たちで教訓には「最善を尽くす」「率先者たれ」を掲げていた。これはまさに奇跡につながった教訓であった。地震の後、津波が予想されたため、中学生達は高台の方へ避難したのだが、このとき幼稚園児、小学生、老人と一緒に逃げていたのだ。誰かが逃げていたらつられて逃げていくように、中学生がその率先者になっていた。最善を尽くす。誰もが予想しなかった大きな津波から助かったのも中学生の行動によってだ。

私は防災訓練を受けたことはあるが、真面目に受けたことがなかった。というのも、今までに身の危険にさらされたことがなく実感できなかった、ということもある。大学に入り防災訓練をしなくなったが、もっとみんなで共有して防災訓練が必要な意味を、自覚を、若い世代から持つことが多くの人が助かることにつながると確信した。

子どもたちとの約束

そしてもう一つは「かまっこ祭り」での子どもたち。1日目は鵜住居仮設住宅で、2日目は栗林仮設住宅で行った。どちらも積極的で明るい子どもたちだった。しかし大きな違いは、子どもの騒がしさが鵜住居にはなかった。仮設住宅の子たちだけで、栗林はほかの子どもたちも参加してくれていた。鵜住居の子は常に周りに気を使える「いい子」たちだった。しかしそれは心に傷を負っていて、周りの目を気にしている子たちだった。明るく接してくれているが今でも怖い夢を見る。黒い大きな波が襲ってくるのだ。

未来を創っていく子どもたち。心に傷を負ったまま大人になっていくのだろうか。私は何ができるのか、はっきりわからない。ただ、「またね」と言い合って別れた。また会いにいくこと、そしてこれを伝えることこれが私にとって今できることなのだと考えている。

鵜住居仮設にて。旗は仮設の方と子どもたちが作ってくれたものである

見て聞いて、そして伝える

経営学部
ホスピタリティ・マネジメント学科　2年
中村綾華

防波堤のメリットとデメリット

11月7日〜11月10日、私たち2年ゼミが中心となり東北ボランティア研修ツアーに行った。参加者はホスピタリティ・マネジメント学科をはじめ、経営学科など、学部学科を問わず40名の有志が集まった。7日は夜行バスで行ったため2泊4日の活動となった。この短い時間の活動の中でさまざまな感情が生まれ、またさまざまなことを得られた。

「東北へボランティアに行こう！」というゼミ生の言葉から始まった。最近ニュースなどのメディアで東北のことや地震のこと、津波のことはほとんど扱わない。唯一取り上げられるのは福島の原発のことである。どこか気になりつつも行動に出ることもなく、順調に復興が行われているのだろうと勝手に想像していた。正直、この時期にボランティアが必要なのか疑問に思ったこともあった。しかし、現地に着いたときにその思いは１８０度変わった。41名で半分に分かれ、20名は大船渡・宮古での活動、20名は釜石での活動をした。私は釜石での活動であった。到着後、すぐに私たちに協力してくださる三陸ひとつなぎ自然学校の伊藤聡さんがバスに乗り込み、釜石市内のツアーをしてくれた。釜石湾全体を見渡せる鉄の歴史資料館近くで防波堤の話を聞いた。湾の入り口付近には深さ63メートル幅８メートルの防波堤があった。これは世界一の防波堤としてギネスブックに登録されていた。しかし、３・11の津波により壊れてしまった。30年かけて造られた防波堤は２年後になくなったのだ。この防波堤はその土地の津波到達時間を６分も遅らせ、13メートルの津波を数メートル抑えた。この防波堤により、助かった命は多くある。しかし、この防波堤により跳ね返された波は隣の湾へと行った可能性があるのだ。このことを聞いたとき、複雑な気持ちになった。たしかに防波堤を造れば被害も多少は抑えられるかもしれない。しかし、抑えた分がまた違う地域に流れ、結局は被害を生んでしまう可能性がある。メリットはあるが、デメリットの方がはるかに大きいのではないだろうか。

『釜石の悲劇と奇跡』

私たちは釜石の鵜住居地区へ行った。ここではメディアなどが大きく取り上げた『釜石の悲劇と奇跡』がある。私が今回参加して一番印象に残っているのがここである。ダンプカーが何台も走っており、建物はなく土地のほとんどが更地で草が生い茂っている。「何もない」土地であった。そんな中でポツンと白い建物がある。そこは『釜石市鵜住居地区防災センター』である。ここが悲劇の場所だ。毎年3月3日に避難訓練をしていた。その集合場所として震災の2年前から防災センターになっていたのだ。震災が起きる直前の避難訓練も防災センターで行っていたため、住民200人以上が逃げ込んできた。そこで津波にのみこまれ助かったのは屋上にいた人、カーテン等に必死につかまっていた人など数名だった。一方で奇跡の場所はそこからＪＲの駅を挟んで500メートルほど離れた中学校と小学校だ。地震直後、中学生は小学生と共に高台へ避難した。その列に住民も続き全員助かったのだ。一方は多くの人が助かり、一方は多くの人が亡くなった。ちょっとした意識の違いが大きな悲劇と奇跡の結果になってしまう。このような悲劇を繰り返さないために、しっかりと備えをしなければいけないと改めて感じることができた。それと同時に、何も知らなかった自分自身を恥ずかしく感じた。9

日10日は『菜の花大地復興プロジェクト』の一環として片付けや清掃の手伝いをした。バイオディーゼル車の説明を受けたり、ほとんどのエネルギーを自家発電で賄うエコハウスの説明を受けたりと『エコ』について勉強することができた。

オリンピックと復興

何度も何度も行きたいと思っていた東北ボランティアに、震災後2年以上経ってからやっと行くことができた。今回の活動は『ボランティア研修』として学ばせてもらいに行った。言葉通り本当にたくさんのことを学ばせてもらった。そして、想像していた「復興が進んでいる」東北の姿はなかった。現在釜石市にある仮設住宅は66か所で、多いところでは300世帯以上が住んでいる。6000人もの人が震災から2年以上経っても仮設住宅での生活を余儀なくされている。復興住宅の建設も進んではいるが、仮設住宅から引っ越したのはわずか1％なのだ。釜石市だけでこれほど多いということは、東北の全地域の仮設住宅を合わせたら何百か所とあるのだろう。この話を聞いたとき、この状況で東京オリンピックの開催準備に莫大な資金を使ってよいのだろうかと疑問に思った。オリンピックによって国の力が大きくなるのはすばらしい

震災当時の話をしている伊藤聡さん。彼の正面には奇跡の場所がある

ことだ。しかし立派な体育館や選手村が建てられる一方で復興住宅等はどうなるのだろうか。もっと詳しく問い詰めていこうと考える。今回の活動では三陸ひとつなぎ自然学校の伊藤聡さんをはじめ、多くの方々にお世話になった。協力してくれたすべての方にお礼を申し上げたい。そして、3・11の地震と津波によって亡くなられた方のご冥福をお祈りするとともに、今後一人でも多くの人に今回学んだことを話し、知ってもらう活動をしたいと考える。

小さなことからこつこつと

経営学部
ホスピタリティ・マネジメント学科　2年
棚橋勇斗

被災地の今

今回私は初めて被災地ボランティアに参加した。2011年3月11日私は高校2年生で、留学をしていたため日本にいなかった。留学先での国際ニュースを通して日本で地震が起きたことを知り、日に日にニュースなどから地震で建物が崩れていくところや、津波で家や車が流されているところを見ていた。そして8月頃日本に帰って来た頃には地震の話題より原発の被害の方が取り上げられていた。

そして震災から2年ほど経って私は岩手県釜石市でボランティア活動をしていた。釜石市は地震での被害より、津波での被害の方が大きかった。さらに昔から津波が起きていたため防波堤・防潮堤は世界一の規模を誇るものまであった。しかし地震が起きたときは防波堤があったがために隣の街に大きな被害をもたらした。

さらに私たちがお風呂として利用していた宝来館という旅館には津波が2階まできた。その時の状況を映像で見たとき、ぞっとした。映像中ではみんなが旅館の裏山に避難して、山に登った人たちが下にいる人たちに「早く！」と呼びかけていてみんなで助かろうとする姿が見られた。

ほかにも鵜住居防災センターを見に行った。そこは避難訓練のとき本当の避難場所ではなかったが、そこにみんなで集まって避難訓練をするように指定されていたため、今回の津波が来たときもそこにみんなが避難してきた。しかし、もともと避難場所でないため避難してきた多くの人が亡くなるという結果になってしまった。

こつこつと

私は釜石で2日間ボランティア活動をやらせてもらった。主に釜石で行われている『菜の花大地復興プロジェクト』の活動をしている人たちのもとで活動した。なぜ菜の花が大地復興につながるのかというと、菜の花は農地復興にも効果があり、さらに津波で更地になってしまった釜石の景観をよくするという意味でも黄色い菜の花を植える活動をしている。そして菜の花からとれる菜種油を商品として売ったり、ディーゼルカーの燃料として再利用したりしてエコな活動でもある。菜の花を植える活動はしなかったが、菜の花畑の裏にあるエコハウスの薪ストーブの薪を作る作業をした。畑にある柿の木の枝をひたすら折る仕事であった。とても単純作業でひたすら木を折っていると、心も折れそうになった。しかし担当をしてくれた佐々木さんには「単純な作業だけど、この作業が終わらないと次にしたいこともできないから、この作業はとても大事なことだよ」

宝来館の駐車場。震災当時、一面に津波が来て車や家なども流された

と言われてから、どのボランティア活動も同じだと感じた。今できること、目の前にあることをやり、終わってから次のステップへ行くという一つの流れがあることを知った。

菜の花の約束

人生で初めてこのようなボランティア活動をしたので、どんなものがボランティアなのか初めはわからなかった。被災地でのボランティアと言えば瓦礫撤去、清掃などだと思っていたが、今回のような作業でも一つのボランティア活動として立派にやり遂げられたのかなと思う。2日目には水車村でお祭りが開催され参加させてもらった。驚いたのが、その日は不運にも大雨だった。でも町の人がたくさん集まり、餅まきから始まり豚汁とおにぎりを無料配布していた。町の人の笑顔や元気な姿を見ることができた。また釜石市に来たいと思った。そして釜石市にきれいに咲く菜の花を一度は見に行こうと思う。

奇跡と悲劇

経営学部
ホスピタリティ・マネジメント学科　2年
田口清貴

釜石での被害

巨大地震と巨大津波が釜石市鵜住居地区を襲ったとき、奇跡と悲劇がほぼ同時に発生した。釜石市ではこの地震、津波による死者、行方不明者は１０４０名を超える。そのうち、この鵜住居地区での死者・行方不明者は５８３名と市内で亡くなった方の半数を占める。

予防・訓練の大切さ

私たちは今回、この大きな被害を受けた釜石市鵜住居地区で現地の一般社団法人である三陸ひとつなぎ自然学校代表の伊藤聡さんの説明を受けながら視察を行った。ここでは、目で見える範囲で、奇跡と悲劇が起こった。鵜住居地区中心部に位置する釜石市鵜住居地区防災センター。ここはとても強い鉄筋コンクリートの2階建ての造りになっていて、毎年3月には三陸沿岸に周期的に押し寄せる大津波に備えて防災避難訓練を行っていた。鵜住居地区の避難場所は高台にあるお寺2か所が指定されていた。しかし、高齢化も影響してか毎年行われていた訓練では、この鵜住居地区防災センターが避難場所として使われていたのだ。ここは上記で挙げたように、正式な避難場所には指定されていない。しかし、震災の1週間前に、その訓練が行われ、防災センターも避難所として使われていた。その訓練から1週間が経過し、あの大震災が発生したのだ。大津波警報発令後、防災センターを避難場所と勘違いして多くの市民が避難した。この防災センターの一番広いホールには、当時200人前後の市民が避難していたそうだ。そしてあの大津波が襲った。避難していた200人の人々のうち、生存者は25名前後だった。ここを避難所だと思い込んで、わざわざ高台から避難してきた人もいたそうだ。これが釜石の悲劇と言われているものである。

一方、海の目の前に位置する釜石東中学校と釜石小学校では、生徒全員が助かった。ここでは以前から防災教育が積極的に行われ、生徒たちに強い防災意識が芽生えていた。私にはとても印象に残った言葉がある。「率先者たれ」という言葉だ。震災発生後、すぐに生徒一人一人が率先して高台へ避難した。中学生は小学生の手を引き、できるだけ高台へ向かった。海に背を向けながら必死に進んだそうだ。そしてその必死に逃げる中学生の姿を見て、近隣住民も高台へと逃げ、釜石東中学校から高台の神社までの近隣住民はほとんどが津波から免れ、助かった。普段からの防災教育が生かされ、率先者として、多くの市民の命を守ったのだ。そして、この震災による小中学生の死者は　ほとんどなく、釜石の奇跡と言われている。私は、この奇跡と悲劇は、とても大事なことを私たちに語りかけているように感じた。それは「備え」の大切さである。三陸沖地震の発生確率は99％と言われていた。三陸沿岸部の住民はこのことは知っていたはずだ。しかし、多くの犠牲者が出た。一方で、防災教育を受けていた学生からは釜石市内での犠牲者はほとんど出なかった。この結果が「備え」の大切さを物語っている。

そして今回の震災での避難が遅れた理由として挙げられるのが、30年間かけて造られた釜石湾港防波堤である。深さ63メートルの防波堤としてギネスに認定されるほどの強靭な防波堤であった。結果としてその防波堤は津波の到達を6分遅らせ、溯上した高さも約4メートル抑えた。しかし、この結果とは裏腹に、防波堤に遮られた波は、隣の山田町を襲い、倍の20メートルという高さの津波が到達した。そして、何よりも釜石市民にとって、この釜石湾港防波堤というものが、「備え」の意識と「避難」を疎かにしてしまった。防波堤があるから大丈夫だという油断が防波堤により生まれてしまったという側面もある。そして今、壊れてしまった防波堤の再建設が進められている。震災前30年間かけて建設された防波堤には、1300億円の費用がかかっている。がれきがなくなっただけで復興が進まない被災地の現状がある中で、そんな大金を防波堤建設のために使っていいのだろうか。被災者が震災前の生活に一刻も早く戻れるようにするのが最優先課題なのではないか。

次なる活動

私は、今回が3度目の被災地訪問で、活動を行うのは今回が初だった。私は震災前の釜石の風景はわからない。しかし、現地の方のお話や、震災前の写真と現在の景色を比べると、いかに悲惨な事態だったかが、見てとれた。そして今回の被災地ボランティアでは、肉体労働というよりも、被災者の心に接することが多かった。よって、被災者が現在も抱える震災当時の記憶や、東京では知ることのできない被災地の現状であったり、さまざまなことを知ることができた。そして私たちが知り、感じたことを次は発信していかなければならない。自分にできることは微力ではあるが、被災地の復興を支援していけるように、これからも継続してできることをしていきたいと改めて感じた4日間であった。

穏やかな海。生活に欠かせない海が、脅威となった

些細な行動が次につながる

経営学部
ホスピタリティ・マネジメント学科　2年
佐々木かんな

東北への関心

東日本大震災から2年半以上が経ち、震災のことをほとんど忘れかけていた私に、ある日ゼミ内で東北へボランティアに行こうという話がもちあがった。震災当時、私の住む地域はそれほど大きな揺れを感じず、テレビで東北の津波の映像を見ても、どこか心の片隅で私には遠い存在であり、ただテレビを見てその様子を知ることしかできなかった。そのこともあり最初は、今の東北がどんな状況かもわからないまま、軽い気持ちで参加しようとしていた。しかし、ゼミではボランティアについて本格的に話していくようになり、次第に自分でも東北についての関心が高まり、興味が湧いてきた。調べていくうちに、東北の現在の状況はまだまだ全然復興しておらず、自分の想像していたことと全く違っていた。そして何か自分にできることがあれば少しでも力になりたい、そう強く思い、ボランティアに参加することとなった。

命の重さ

私が行った場所は岩手県の釜石という地域であった。その地域はテレビで何度も聞いたことのある名前だったため、現地に着いたとき初めて現実味を帯びたような感じがした。

1日目は現地視察を行った。初めて東北という場所に足を踏み入れて、私の中でいろいろ考えさせられることがあり、いろいろなお話を聞いたりテレビで見た場所に実際に行ってみたりして、大きな衝撃を受けた。ガイドをしてくださった伊藤さんのお話は、私の知らないことだらけで、やはり現地に行って、実際に見て、現地の人の話を聞いてみないとわからないことがたくさんあると感じた。釜石の視察で特に衝撃に残った場所は、釜石市の防災センターと宝来館という旅館の外である。

当時テレビで見た悲劇の場所に実際に足を踏み入れてみると一瞬で、夢に見ていた場所が現実の場所へと変わっていった。初めてこんな体験をして、自分の中で今まで抱いたことのない

宝来館の横の高台から見下ろしている様子

感情が次々にわき起こり、津波の被害を目の当たりにしたような感じがして、衝撃のあまり背筋がぞっとして、言葉が出なかった。そしてそんな状況を知ったからこそ、震災の出来事は絶対に忘れてはならない記憶であり、この状況をたくさんの人に伝えていくべきであると心に決めた。私はそう思いながらその場を後にした。

そして宝来館では、伊藤さんがある映像を見せてくれた。それは以前震災が起こった当時にも一度テレビで見たことのある映像だった。よく見ると、今私たちが立っている場所で起こった津波の映像である。やはり今とは少し外観は違うが、確かにこの場所であった。それは高台から撮られており、そこまで走ってくる人々。すると突然津波が現れ、静かな景色が一瞬にしてざわめき始めた。悲鳴を上げる人々、「早く！」と叫ぶ人々……その中に聞き覚えのある声がした。それは伊藤さんであった。今やさしい表情で話す声からは想像もつかないくらい必死の叫びであった。実際に起こった場所で見る映像はテレビで見たものと同じであるのに全く違っていた。そこでは3人が津波に流されてしまったが、伊藤さんたちの必死の救助により奇跡的に全員助かったのである。震災では何万人もの命が奪われ、そんな大勢の方々の命に比べたら3人の生きることのできた命はちっぽけに思う。しかしここへ来てその3人の命はどれだけ大きなものか、一人一人の命の重さを改めて知った。

東北の姿

2日目からのボランティア活動では、菜の花プロジェクトの一環として火をおこすときに使う木を細かく切る作業を行った。一見、菜の花プロジェクトに関わりのない作業に思うが、それは今後の復興や、地域の人々と私たちのようなボランティアに来た人とのつながりに大きく関係しており、これがないと先へ進めない作業であるのだ。正直ずっと同じ作業を繰り返していて大変だったが、現地の方々と交流ができ、最後には笑顔で「ありがとう」と声をかけてくださったのが、とてもうれしくて、頑張ってよかったと強く思った。

最後に、現地での私たちの活動は本当に些細なものであった。しかしそんな小さなことでも次につながる大きな一歩だし、小さな積み重ねがあってこそ大きな結果につながるのだ。現地の人と一緒に作業をして、交流を図り、少しでも復興のための作業の一部に関われたことに感謝している。そして現地で見て聞いて感じ、行動したたくさんの経験が、少なくとも将来誰かの役に立つ、そして自分の大きな成長につながったと考えると、こんな貴重な体験ができて、いろいろ刺激をもらって、人のつながりの大切さに気が付いた。今回初めて東北に行ってみて、震災の被害の大きさや、失ったものの多さから、完全に復興するにはまだまだ時間が必要だとわかった。また機会があれば東北に行ってボランティア活動をしたい。復興した東北の姿を見てみたい。それどころか、震災前の東北以上にいい街になった東北の姿をいつの日か見てみたい。

生死を分けた500m

経営学部
ホスピタリティ・マネジメント学科　3年
山岸由佳

釜石での活動を通して

今回のツアーに参加し、被災地の現状を視察したり菜の花プロジェクトの仕事を手伝わせていただいたりと、さまざまな体験をすることができた。

私は主に釜石地域での活動となった。釜石班では初日に被災した現場の視察に向かったのだが、その中でも「釜石の奇跡と悲劇」と呼ばれる場所は一番印象に残るものであり、たった数百メートルで生死が分かれる世界を目の当たりにした。

隣り合わせの奇跡と悲劇

奇跡と呼ばれるのは鵜住居区域にある小中学校の生徒たちの行動である。ここの中学校は普段から防災教育に力を入れていた。地震が収まった後、中学生たちは隣接している小学校に行き、小学生たちと手をつなぎ高いところまで避難する。途中で普段の避難訓練で使用していたところよりも高いところに行った方がいいと判断し、それを行動に移している。中学生たちの迅速で的確な行動により、そこの小中学校の生徒たちは全員無事であった。

釜石の区域の中で甚大な被害があったにもかかわらず、その地域の子供が無事に避難できたこのことは「釜石の奇跡」と呼ばれている。

一方で「釜石の悲劇」とは、この小中学校と500メートル先にある防災センターのことを指す。

震災直後、約250人がこの防災センターに逃げてきたものの、助かったのはおよそ30人程度だという。津波から逃れるために避難してきたはずが、そこは街の中心に位置し、高いところではない平地にあった。そのため2階の天井ギリギリの高さまで波にのまれ、窓の外に流されていった人もいたという。助かった人はカーテンにしがみついて波に耐え抜いたか、屋上に上がるための階段の存在を知っていた人だ。

ではなぜそこに人々は逃げてきたのか。その理由は普段の町の避難訓練に使われていたことにある。本当の避難場所は神社やお寺等の比較的高い場所であるため、避難訓練に参加するお年寄りには体力的に辛いものがあるために平地にある防災センターで避難訓練は行われていた。避難訓練の使用場所＝実際の避難先というイメージが町の人に定着していたのかもしれない。普段からちゃんとした避難先で訓練していたらどれだけの人が犠牲にならずに済んだのだろうか。たとえ訓練だったとしてもちゃんとした意識を持って行っていきたいと感じた。

防災センターの教訓と今後

また今回の悲劇となったこの防災センターは12月に取り壊しが決定しているという。

建物の老朽化もあるが、辛い思いがよみがえるために見るに堪えないという住民の声が多数上がったためだ。多くの遺族からは残してほしいという声もあり、長期間このことについての話し合いの場がもたれた。その結果、復興が進むにあたりいつまでも残しておくことは後ろ向きな考えもあるとして取り壊すこととなった。現在も毎日のように防災センターに訪れる遺族のために石碑を作り、花を手向ける場を設け地域としてもこの悲劇を忘れないようにしていくという。

直接津波被害に遭っていない私たちから見たら、広島の原爆ドームのように「負の遺産」と

この階段の存在を知り、上る体力がある者だけが津波から逃れることができた

して残してほしいという思いがある。しかし取り壊すことは既に決定しているため、せめてほかの形でもこの悲惨さが薄れることなく語り継がれるようにしていかなければならないと感じる。

この被害の原因を釜石地区以外のほかの地域に住む人にも知ってもらい、避難訓練の大切さや日頃の備えについて考えていく必要がある。同じ悲劇を繰り返さないよう多くの人に釜石の奇跡と悲劇を教訓として伝えていきたいと感じた。

〝当たり前〟という幸せ

経営学部
ホスピタリティ・マネジメント学科　3年
松見有絵

学生でもできること

私は東北のボランティアは今回が初めてであった。被害にあった直後の現状を自分の目で見ることはできていない。それでも今の東北の現状を見ることができてよかったと思った。そしてもっと助けたいという感情が私には芽生えた。それは決して同情などではなく、学生の私にでも助けることができるということがボランティアを通してわかり、継続的に助けの手を差し伸べたいと思ったからである。

ボランティア中に私が考えたことのひとつとしてボランティアというのは継続的に行うことに意味があるのではないかということがある。今回のボランティアでは被災者の方とお話しする機会は少なかったが、釜石市に行かせていただいたときに私は実際に津波が起きているときの動画を見ることができた。その動画は想像を超えた迫力で私は驚きを隠せなかった。テレビなどで見たことがあるが、実際に目の前にいる人が「逃げろ」と叫んでいた。津波の恐ろしさを実感した一瞬であった。今回は実際に被害にあった方の話を聞く機会が少なかったので私はもっと被災者の方に話を聞きたいと強く思った。

津波の破壊力

東北に実際行ってみて被災地の現状を見て、津波の破壊力は並々ではない、ということを改めて感じた。そして何百年に一度しか来ないようなその恐ろしい津波を体験した人がいる、またその津波のせいで亡くなった方々が何万といると考えると気持ちを何と表したらいいかもわからなくなった。「怖い」という感情もあったが、3・11に起こった大震災をテレビだけでなく、この目で見ることができて本当によかったと感じた。何よりも強く感じたことは〝当たり前〟が続くことがどれほど幸せかということ。

私たちは今きれいな学校に行けて、帰る居場所もある。これがどれだけ幸せなのかを感じさせられた3日間となった。何年、何十年後に東北にも当たり前が日常に戻ってくることを私は願った。そしてもし「第三回　震災ボランティア」が実現するならば、ぜひもう一度参加したいと思う。それぐらい今回初めてこのようなボランティアを経験することができてよかったと私は感じている。

何度でも

このボランティアは、良い経験だったと思う。東北の方の言葉一つ一つが心に残っている。向こうの方々に学んだこともたくさんあった。これからも身の回りでボランティアがあれば参加したいと思う。こんな小さなことだけで〝ボランティアをした！〟と満足せず、周りに困っている人がいたら助けてあげる、手伝うことをしたいと思う。それが本当のボランティアなのかもしれないと私は思った。

私たちは残念ながら数日間しか参加できなかったが、今までボランティアに参加した人の中には1週間以上滞在してボランティア活動をしている人もかなり多いのだと聞いた。今回参加してみて、津波が奪っていったものと、そこから再興しようとする人々の強い気持ちを見ることができた。短時間しか活動に参加できなかったことがとても残念でならないが、また行くことができるなら、再興をはたすために協力できることがあるなら、私は何度でもボランティアとして被災地に行きたいと強く感じた。

高台からの景色。こんなにもきれいな海が人を襲うこともある

見ることがすること

経営学部
ホスピタリティ・マネジメント学科　3年
角田麻貴

過去から未来を見る

震災から約2年8カ月。私たちは忘れてはいないだろうか。今、東北のことを思い、支援している人たちがどれほどいるだろうか。私たちは無責任に津波の被害を忘れることができる。しかし、東日本大震災で被害を受けた人たちがそれを忘れるのは難しいだろう。

ガイドをしてくださった伊藤さんが自身の撮った津波の動画を見せてくれた。そこには目の前で逃げ遅れた人たちが流されている様子が映っていた。動画を見たとき、あまりの出来事に衝撃を受けた。しかし衝撃を受けたということ自体が、どこか忘れてしまっているということなのではないかとハッとした。

伊藤さんにとってその映像は、思い出すのも辛い記憶だろう。私たちには想像できないほどの思いがあるのではないかと感じる。それでもガイドをする伊藤さんの思いをできるだけくみ取りたいと思う。伝えることをしていきたいとおっしゃっていた。人生をかけて伝えるということを選んだのであれば、私たちも受け取らなければならない。

伊藤さんだけではない、実際に釜石で活動をしてみて頑張っている人が大勢いると知った。菜の花を町中に咲かせて、街を明るくするために活動している人たちもいる。街の将来を考えて、菜種油を中心としたエネルギーの循環も見据えている。

こうした街を思う人たちの活動が、将来を明るくしていくのだと感じた。私たちの力は小さいものだったが、未来の光に力を添えられたのであれば、やってよかったという思いである。

巻き込まれてみる姿勢

私は1年生のときにも東日本大震災支援のためのボランティアツアーに参加した。前回は先輩から、今回は後輩から東北へ行こうと声が上がり参加する運びとなった。自分たちの学年からそういった声が上がらなかったのは〝一度行ったから〟という思いがどこかにあったのではないかと思う。震災直後は、がれきの撤去などしなければいけないことが目に見えてわかっていた。しかし、今回はみんなで交流会をしに行くという名目だったため、自分じゃなくてもいいのではないか、そんなにもの大人数が必要なのかと思った人も多いだろう。それはすでに一度行っているから、「ボランティアをした」という肩書きみたいなものはもうあるから今回は行かなくてもいいかな、と思ってしまったのかもしれない。

自分の生活が大変なのもわかる。優先順位を決めてしまうのもわかる。しかし、それが一番いけないと思う。結局、いろいろ考えていたら行動できなくなるのだ。私も今回のツアーに行くか迷った。自分を優先してしまおうとする気持ちが大きかったからだ。やることが見えていない現地での活動と、目に見えてやらなければいけない自分のタスクがあったら、なかなか前者を選べない。私はそんなに人間ができてもいないし、いい人でもない。だからなぜ参加したかという理由には、後輩たちの頑張りに影響を受けたことが大きい。ただ、私の周りに頑張っている人がいたというだけだ。

自分からボランティアの企画運営をするのは難しい。でも周りを巻き込んで参加してみる。または巻き込まれる側でもいいと思う。今回自分は巻き込まれる側だったので、これからは少しても誰かのことを巻き込んでいきたい。それはボランティアに参加するということだけに限らず、東北を考えるという意味でだ。

ボランティアだからこそ

今、ボランティアは世の中に溢れている。何だかよくわからないような活動もボランティアだと言えば聞こえはいい。〝ボランティアに参加した自分〟を履歴書にも書ける。はたしてボランティアとはそんなものであったのか。溢れかえるボランティアという言葉に、目的を見失いがちである。誰でも簡単にボランティアに参加できる。誰にでも参加してみてほしい。被災地の人たちのために何かできることがあるか、考えて動いてみてほしい。しかしボランティアだからこそ目的をしっかり考えなければいけないとも思う。

現地に行かなかったらきっと会えなかっただろう人にばかり出会った。被災地と呼ばれている場所には、たくさんの笑顔がある。笑顔を広めようと頑張っている人たちがたくさんいる。私たちが行ったボランティア研修は、多くの人が動いてくれたことによって成り立っていることを忘れてはいけない。忘れてはいけないというとどうしても義務のように聞こえてしまう。

津波の被害で割れた窓から見た紅葉のきれいさと空の青さに思わず見とれた

ただ忘れたくないという気持ちがあればいい。そしてその気持ちをずっと持っていたい。

帰りのバスに乗った私たちを、お世話になった釜石の方々が見送ってくれた。動き出したバスに向かって走ってくるジョイさん。「みんなで食べてね～」窓から受け取ったのは揚げたてのドーナツ。優しさをありがとうございました。いつまでも皆さん元気でいてください。また行きます。

今、大学生が動く意味

経営学部
ホスピタリティ・マネジメント学科　3年
三好智

募金という第一歩

私が東日本大震災の復興支援に関わったのは今回が2度目だ。２０１１年3月11日は高校を卒業して間もないときだった。「今できることは何だろう」と思い、高校の同学年が集まり街頭募金を行った。震災発生からわずか1週間での活動だったため街行く人も「何かしたいけど、何ができるかわからない」という人が多かっただろう。市民の方々の協力で数百万円の募金が集まった。

しかし、それ以来被災地のために自分から動くことはなく2年半が過ぎてしまっていた。今回ゼミの2年生がボランティアツアーを企画してくれ、それに参加することになった。この2

年半で多くの人々が被災地の復興のために訪れていることはテレビ等の報道で知っており、実際に行った友人からも話を聞いていた。瓦礫等の撤去は済んでいるだろうし、今行って力になれるのかという気持ちばかりだった。被災した当事者でないと、本当に必要としているものはわからない。遠く離れた東京の大学生には何ができるのか。どう会話したらいいのか。考えてもわからないなら、身一つでただ行くしかない。私はいろいろな葛藤に包まれていた。

テレビ越しに見ていた「現実」

配属されたのは岩手県釜石市。釜石駅に到着したが、そこは震災の面影を感じさせなかった。きれいに修復された駅とスーパー、裏に仮設の商店街が立ち並ぶ。昼食として立ち寄った釜石ラーメンのお店に飾られた「負けねぞ、釜石」の文字と市民からのたくさんの寄せ書きに、住民同士の支え合いを感じた。釜石の人々の熱いパワーは、思っていた以上に強かった。

被害の大きかった釜石市の現状を視察した。鵜住居地区にある防災センターに着いたとき、ようやく震災の事の大きさを目で見て感じることができた。津波の映像を見ても実際に起こったことだといまいち信じられず、震災当日に津波が人や車をのみ込む様子を見てもＣＧのよ

鵜住居地区防災センター（2013年11月8日撮影）

うに思えて仕方なかった。この鵜住居地区防災センターは約200人もの市民が亡くなった「悲劇」の場所である。中に入ると、花や写真、遺族からの手紙が手向けられている。写真にはまだ3歳くらいの子も写っていた。津波は子どもからお年寄りまで容赦なく奪っていくのだ。この防災センターは12月に取り壊しが決まっている。しかし「震災のことを思い出してしまうからいらない」と解体を望む声と、「ここに来ると死んでしまった家族に会える気がする」と望まない声があった。どちらが正解なんてことはないが、人々の心から震災の傷痕が消えることはないだろう。

近隣の建物の壁に赤字で大きく「○」「×」と書いてあるのをよく見かけた。鵜住居地区防災センターの壁面にも書かれていた。自衛隊が中をチェック済みのところには「○」、遺体が発見されたところには重ねて「×」を書いたのだという。この意味を知ってから辺りを見回してみると、点々とこの記号が見つかる。人が亡くなった場所がリアルに示されると、胸が締め付けられる思いだった。

人々の傷

釜石市に配属になった21人はそこから3グループに分かれ、私は地区の仮設住宅で行われる「かまっこ祭」を手伝わせてもらうことになった。仮設住宅で遊び場のない子どもたちに楽しんでもらうため、NPOである「三陸ひとつなぎ自然学校」の方々が企画の段階から子どもたちと一緒に作り上げてきたものであった。土日2日間で鵜住居地区と栗林地区の仮設住宅でゲームや食べ物の屋台を出した。ここで初めて被災した住民の方々と話す機会があった。思いきり遊べる場所ができていきいきとした表情の子どもたち。しかし、彼らも当然だが被災者だった。他愛のない会話でも、彼らの口から「震災」という言葉が何度も出てきた。そのたび、何と返していいかわからない。鵜住居で出会った小学4年生の男の子は、今でも黒い波が押し寄せる夢を見るのだという。こんな小さな子でも震災という大き過ぎる傷と戦っている。

その子の祖父は「かまっこ祭りは今回限りにしたい」と言った。決して今回の祭りが気に入らなかったのではない。その言葉の意味は、「早く仮設住宅を出たいから」。復興住宅が建てられてはいるがなかなか順番が回って来ず、仮設住宅を出られる予定が全く見えない。その支援の状況に対する若干の憤りが見えた。被災地以外の私たちのような人々が、震災のことを忘れかけている。支援が減り、状況が一向に好転しないままの日々が続いているように思えた。

2年半が過ぎ、このように訪れる学生も明らかに少なくなっただろう。釜石には大学がなく、子どもたちは大学生と触れ合う機会がなく寂しい思いをしていると初めて知った。何ができるかわからないと思っていたが、今回のように子どもと一緒に遊ぶことでさえ地域を明るくできているのではないかと思う。「こんなに楽しそうに笑っているのは久しぶりに見たな〜」という男の子のおじいさんの一言で涙が出そうだったのを必死に堪えて思いきり遊んだ。「一年後にまた来てね！」と次を約束する顔がキラキラと輝いていた。この子たちが新しい家に引っ越した時に見せるであろう最高の笑顔を見るために、私は「震災を忘れない」ことを約束する。

奇跡と悲劇が起こった場所

経営学部
ホスピタリティ・マネジメント学科　3年
戸田山遥

現状

11月8日から10日までの3日間、岩手県釜石市でボランティア研修ツアーに参加した。震災から2年7カ月が過ぎ、ニュースやテレビでの報道も以前よりも減ってしまった。世間では震災の出来事が風化されつつある。私自身も震災に対しそう感じるだけの傍観者だったかもしれない。2年生ゼミのメンバーが企画してくれたツアーに参加が決まり、釜石班の一員として活動することになった。初めての被災地訪問であった。

8日の朝、現地に着いた釜石班は、NPOの伊藤さんによる被災地の現状視察から始まった。バスの中から見える実際の釜石の風景は、自分の記憶にあるテレビの中の報道の景色とは変わったように感じた。その理由は、瓦礫が多く残っているだろうと勝手に思っていたからである。瓦礫の撤去は進んでいてすっきりしていた。だが、所々にある建物が津波で崩れたところや、家が流されたため広々としている場所を見ると、震災の爪痕を直に感じた。

釜石の奇跡と悲劇

伊藤さんが「釜石の奇跡」と「釜石の悲劇」の話を教えてくださった。「釜石の奇跡」とは、学校管理下にあった小中学生の子どもたちの犠牲者がゼロであったということだ。津波襲来時、生徒たちは適切な対応行動をとった。一人の犠牲者も出すことなく、大津波から生き残ったのだ。多くが自分で判断して高台に避難した。命を救ったのは、ここ数年の防災教育だった。普段の教えが生きるとは、このことであると感じた。釜石の奇跡を起こした「津波避難に対する3原則」を教えていただいた。一つ目は、「想定にとらわれるな」だ。これは、災害予測図はあくまで参考に過ぎない。明治三陸津波で釜石は6000人の死者を出した。そのとき浸水しなかった地域にも今回は津波が入り、災害予測図の予測も大きく超えてしまった。予測図上では津波が到達しないとされた地域で、多くの人が亡くなったからだ。二つ目は、「最善を尽くせ」だ。釜石の子どもたちは「津波が来るぞ。逃げるぞ」と大声を上げながら逃げた。そして最初の避難場所に入るも「ここじゃだめだ」とさらに高い場所の避難所に向けて率先して逃げ始めた。中学生は小学生たちの手を引いて逃げた。結果、二次避難した先こそがギリギリ津波が達しない場所だった。中学生たちのとっさの判断で多くの命が救われた。三つ目は、「率先避難者たれ」という言葉だ。火災報知器の非常ベルが鳴っても人は逃げない。前は大丈夫だった、自分は大丈夫、といった理由からだ。そういう雰囲気を断ち切り、誰か一人が勇気を持って逃げ始めることが皆の命を救うことになるという意味である。小学生の命も守った、中学生たちは、普段の訓練から守られる立場ではなく、自分たちが守らなくてはならない立場であると日々感じていたのかもしれない。

「釜石の悲劇」とは、鵜住居地区で起こったことであった。震災の発生直後に200人以上の住民が避難し、津波にのまれた建物がある。岩手県釜石市の「鵜住居地区防災センター」だ。海に近く、津波の避難場所ではなかった施設になぜ人々は向かったのだろうか。岩手県釜石市は明治三陸沖地震の際にも津波の被害がありもともと、防災意識の非常に高い地域だったため津波の避難訓練を定期的に行っていたそうである。大切な住民の命を守るために、避難訓練への参加率を高める必要があった。地域には高齢者が多かった。少しでも参加しやすいように地域から距離のある高台ではなく、訓練用として近場の地区防災センターを避難所に設定し、震災のわずか数日前にもそこを使って避難訓練をしたのだ。そして、平成23年3月11日、本当に大津波の危険性が迫り〝いつもの場所〟に避難するように、防災センターに人が集まった。そこでそのまま大津波にのまれて大勢の住民が亡くなってしまったのだ。もし、本来の避難場所を避難訓練に使っていたならこのような悲劇は避けられたのかもしれないと強く思った。「防災センター」と呼ばれているのだから、住民の間に、防災センターに行けば安全である、との意識が生まれたとしてもなんら不思議はない。実際に防災センターを訪れたとき、震災の怖さを実感した。建物に津波の後が、くっきり付いていた。献花台には多くの花が手向けられていた。心が締め付けられた。同じ釜石市で全く正反対のことが起きていたとは信じられない気持ちでいっぱいになった。

「釜石の悲劇」が起きてしまった場所。○と×は、生存確認したという意味がある

自分にできること

岩手から帰ってツアーに参加した自分ができることは何だろうと考えたとき、この真実を近くの人に伝えることが本当に大切であると強く思った。

一生の出会いにつながる

経営学部
ホスピタリティ・マネジメント学科　3年
島田知奈実

2年前と今

２０１１年６月に第１回東北ボランティアに参加した。2年前のボランティア活動としては、がれき撤去、写真整理などの作業を手伝わせていただき、テレビで見ていただけの被災状況を肌で実感することができた。とにかく2年前は微力でも何かしてあげられたら、元気を与えられたら……と考えていた。

子どもたちとの触れ合い

それから2年、また参加させていただき、2年前とは異なる今の状況、心境、ボランティアって？　と考えさせられる4日間になった。私は今回釜石市に訪れ、仮設住宅で暮らす子どもたちと一緒に「かまっこ祭り」に参加させていただいた。1日目は小学校高学年の子を中心としたお祭りになった。子どもたちがお店を開き、大人たちに提供するというもの。2日目は小学校低学年の子が中心となり、企画は同様なものである。2日間が終わり、帰ってきた今の私の心境と1日目のお祭りが終わったときの心境では異なる部分がある。1日目に感じたことは率直に「子どもの力、笑顔はすごいな」というようなもので、逆に子どもたちに元気をもらった。1日目が終わった後に仮設住宅の皆さんが親睦会を開いてくださった。そのときに子どもたちのおじいちゃんたちから今の自分たちの心境、子どもたちの思いなどを聞いたとき涙が出そうになった。「子どもたちは毎日のように津波の夢を見てしまうのだ」と。子どもたちと会話していても、「津波」というキーワードが必然的に入ってくるのを思い出してしまった。そのときに私はどう反応してあげたらいいのかわからなくなってしまった。（何を話したら「津波」というキーワードが出ないのかな）と考えてしまって。でも唯一「夢」の話になるとみんな目が輝くのを感じた。その話のときだけは被災者ということを感じない子どもたちに思えた。2日目の子どもたちはいつでも無邪気でとっても子どもらしさを感じられた。この1日目と2日目の子どもたちは全然違う子どもたちだった。震災が起きたときの年齢や被災状況によってなのかもしれないが、1日目の子どもたちは「無邪気さ」を出せないような、そんな心境を感じ取ることができた。これが帰ってきた私の感じたことである。深く何かを考えているのではなくても、自然に大人に気を使って仮設住宅で暮らしている子どもたち。震災の前の子どもたちに大人たちは戻ってほしいという思いがある。おばあちゃんが私たちと遊んで、喋っている子どもたちを見て、「久しぶりにこんな笑顔を見られた」と言ってくださった。そして子どもたちからは「また来年来てね」と何度も言ってもらえた。ボランティアとして参加させていただいたけれど、とても大切な出会いともなった。

忘れないで

上記でボランティアって？　についての私の思いを述べたが、今回の活動で今の東北の方々に私たちができることをボランティアという名で活動しなくてもいいのではと感じた。子どもたちに「また来年来てね」と言われて私は素直にうれしかった。少しの時間でも私たちといた時間を楽しんでもらえたのだと。そして大人の方々は「来年は仮設住宅を出たい」「今の私

かまっこ祭りでとっても楽しそうに遊んでくれた子どもたち。最高の笑顔

たちは支援のおかげで裕福になり過ぎている」とおっしゃっていた。皆さんは前へ進もうとしている、子どもたちもみんな夢をもっている。それをとても感じられた。それに協力してあげることはとても大切なことであると思う。私は、「また来てね」という子どもたちの成長、夢に向かっている姿を見に行ってあげたいと思った。このボランティアを一生の出会いにつなげていくことがこれからの東北の方々と私たちには大切になってくると感じた。

今回伊藤さんにとてもお世話になり、お話をする機会があった。そのときに「ここの人たちはこの釜石を来てくれた人たちに自慢したいのだよ。それだけこの地を大切に思っていて、だからボランティアに来てくれた人たちに倍以上のおもてなしをしてくれるのだよ」と伺った。2年前に活動したとき、おばあちゃんの家でたくさんの郷土料理などでおもてなしをしてくださったことを思い出した。震災が起きた地域でもその地を大切にしている皆さんにとても感動した。その思いを私たちは忘れてはいけないと思う。東北には未来がある。その未来を一緒に少しずつ現実にしていきたい。そしてここで出会った子どもたちには一緒に遊んだときの笑顔をずっと忘れないでほしい。そのためにこの出会いを私は忘れない。

率先者たれ！

経営学部
ホスピタリティ・マネジメント学科　3年
井川雅代

感謝

　まず、私は、このボランティアを企画してくれたゼミのみんなに感謝したい。私は2年前の6月に一度今回と同じ形でボランティアに参加していた。そのとき感じたことは今も頭の中に残っている。震災直後ということもあり非常に衝撃を受けたことを覚えている。にもかかわらずこのような機会がなければ参加できていない自分をとても悔やんだ。と同時に、このような機会をつくってくれたすべての方にお礼を言いたい。

釜石の悲劇と奇跡

今回私は2回目の訪問ということもあり以前とはまた違った視点で復興の状況を感じることができたように思う。前回は土壌を掻き出す作業や家から家具を取り出す作業などの力作業ばかりであったが今回行ってみると、瓦礫撤去は結構進んでいた。その分、震災に遭われた方からのお話をたくさん聞くことができた。震災当時の状況はテレビを通してしか知らなかった私にとってとても生々しく衝撃的であったし、自分に置き換えて考えると怖くなり今こうして頑張っている状況に日本人の気質みたいなものも感じたように思う。

まず、釜石にある防災センターと中学校のふたつのことを「釜石の悲劇と奇跡」と呼んでいる話を聞いた。防災センターには避難して来てしまった人が200人いて、そのうち60もの人が津波の被害に遭って亡くなってしまったそうだ。その建物を取り壊す前に見ることができた。お供え物がたくさんあって被害の大きさを物語っていた。小さい子が亡くなってしまったおばあちゃん宛てに書いた手紙を読んで胸が苦しくなった。この建物を取り壊すことに決めた理由は、震災は戦争のように間違ってしまった行為で起きた出来事ではないし、釜石の人には未来に向かって進んでほしいからという意味があるというお話を聞いた。私もその未来に少しでも関われたらいいなと思った。「釜石の奇跡」というのは中学生と小学生のことで、中学生が率先して小学生の手を引き避難した。避難した後も森の奥へ奥へと自ら動くことによって近くに住んでいた大人の方をも助けることができたという話である。小学生と中学生3000人のほぼ全員が無事に避難できたのだ。これは日頃の避難教育をしっかりと行っており避難訓練をきちんと習得していたからである。「率先者たれ!」という言葉がある。誰よりも早く行動し、みんながついていくことによって多くの命が助かるという意味である。これはとても大事な言葉であると思う。一人の行動によってたくさんの人が助かったり亡くなったりしている。そう思うととても恐ろしいことだと思うが助かる命が多くなるということは人間が生きる上で最も大切なことであるから、この言葉をきちんと心にしまっておきたいと思った。また避難訓練でいつも防災センターを使っていたからという理由で山の近くにいてそこにいれば助かったかもしれない方が防災センターに避難してきてしまい亡くなったということも起こったそうだ。やはり、日頃の行いというものがいかに大事かということを実感した。日頃の避難訓練で山の近くのお寺にちゃんと行っていたならば、という伊藤さんのお話は非常に心に響くものであった。

復興＝誇りを取り戻すこと

初日に行ったラーメン屋さんの人たちや会った釜石の人たちはみんな優しかった。「熱いうちに早く食べな食べな～友達のもすぐ行くから先食べてな～」と優しく声をかけてくれて心がほんわかしたことを覚えている。２日目からは埼玉からボランティアに来ている「ふてちゃん」という癒やし系のお姉さんと田口君と辻君と私の４人で漁師のけんちゃんのお手伝いをした。仕事内容としてはホタテの貝殻に牡蠣の種がついており、それがきれいな形に育つようにその周りにいるフジツボを取り除くという作業をした。長い間フジツボを取りながら

ホタテの貝殻。漁師のけんちゃんと一緒にフジツボを取る作業をする

けんちゃんとみんなとお話ししながらの時間はとても楽しく素敵な思い出だ。けんちゃんが嫌な顔もせず震災当時の鮮明な記憶を話してくれたときには胸が苦しく自分だったら話せるのかわからないと思った。何が起こるかわからないからなと笑って話すけんちゃんの笑顔には重みがあるように思えた。もう前しか見られないから頑張るしかないと言っていた。けんちゃんの笑顔で救われている釜石の人はたくさんいるだろうなと感じた。「復興＝誇りを取り戻すこと」と伊藤さんが言っていたが、私たちが話すことで、少しでも釜石のすごさを知ってもらえたらと思った。「また」という言葉を大事に使おうと思う。

大船渡の社会福祉協議会における打ち合わせで、担当者伊藤勉さん

ボランティア活動報告

大船渡班

大船渡班　活動概要

2013 年 11 月 7 日　23:00	新宿駅西口発（夜行バス）
11 月 8 日 グループにわかれて活動	奉仕活動 仮設住宅訪問（サロン活動） 写真洗浄  写真洗浄の様子  岩手県の郷土料理ひっつみ汁を作る
11 月 9 日	被災した住宅の片付け 現地視察 ・大船渡市総合福祉センター→箱根山→気仙大工左官伝承館→陸前高田  現地視察の様子、箱根山にて
11 月 10 日	宮古へ 仮設住宅訪問（サロン活動）
13:30	現地発
22:30	新宿駅西口着  宮古市の仮設住宅を訪問

岩泉線
北リアス線
宮古
山田線
岩手県
いわて花巻空港
山田線
花巻市
遠野市
釜石市
釜石線
三陸鉄道
南リアス線
東北自動車道
大船渡
陸前高田市
一関市
気仙沼市
東北新幹線
気仙沼線
登米市
宮城県

私たちが見たもの

経営学部
ホスピタリティ・マネジメント学科　1年
平野良樹

現地で見たもの

私は、11月7日から10日の2泊4日という期間で岩手県大船渡市にボランティア活動に行った。2011年3月11日金曜日の2時46分、三陸沖で地震が発生してから、2年も経った。その当時、私は高校1年生だった。ボランティアに参加した理由は、私は被災したことがないので、実際に生で被災地を見たかったという小さなものである。今回のボランティア活動は、がれき撤去などの力仕事はほとんどなくて、仮設住宅の人たちと料理をしたり話をしたりして交流するものが多かった。けれどそれは力仕事よりも難しい仕事で、自分の頭で考えて行動しなければならなかった。

夜行バスで東京を出て7時間くらいして岩手県に入ってからの車内からの景色には言葉を失った。津波の被害がいまだそのままにされていたのだ。改めて自然の恐ろしさを知った。そこで震災が起きてから2年も経ったのに、何も終わっていなかった。テレビや新聞、メディアを通して現地の状況を大体は把握していたけれど、それは想像を超えるものだった。復興、復興と口だけで言っている政府に怒りを覚えた。私は大船渡市のある福祉の里という不備がない公民館に宿泊させてもらった。私の仲間は釜石市のプレハブのような場所に寝袋で泊まり、トイレも汲み取り式だったらしい。

次の日、私たちは草刈りの仕事をするために現場に向かった。その中で軍手や長靴、マスクといったものまで貸してもらい、私はボランティアなのにいろいろな準備をしてもらって申し訳ない気持ちだった。草刈りを10人くらいで半日やったけれど半分しか片付かなくて、あまりボランティアという活動ができなくて悔しい1日になった。その日の昼に屋台村というプレハブで建てられた飲食街に行った。もともとあった店が津波によって流されたけど、もう一回店をやりたいという皆の思いで建てられたそうだ。料理はとてもおいしかった。

今、岩手県沿岸部に新しい防波堤ができるそうだ。しかし知ってほしい、防波堤のせいで犠牲になった人がたくさんいることを。3・11の地震で大きな津波が起き、軽々と防波堤を越え、そのまま乗り込んだ水は防波堤のせいで抜けず、たくさんの犠牲者を生んでしまったのである。その事故はたまたまではなく、昭和35年のチリ地震の津波による被害で学んだはずなのに再び起きてしまったのである。そして今、また防波堤を造ろうと工事をしている。これではまた悲劇が起きてしまう。現地の人も防波堤の件では反対の意見しかなかった。

日本政治の今

日本は今、2020年の東京オリンピックに向けて多大な税金、時間、人を使っていて、確かにおめでたいことである。その一方、東北の震災の被害を受けた場所はいまだにそのままで荒れ地と化している。さらに東京オリンピックのために東北の工事の人や費用が減少していて現地の人からは不安だという声がたくさんあった。そして今現在、仮設住宅に住んでいる人は約5500人もいるそうだ。実際に仮設住宅に行って、人が普通に住めるものであるけれど山の近くにあるから雨による害や虫なども発生する上、近くの人とのコミュニケーション等がうまくとれず不慣れな生活を送っていると聞いた。このままだと全く復興しないし、防波堤の件はそのままではまた悲劇が起きてしまう。２日目に訪れた先では、「ボランティアのボランティア」といっておばあちゃんがかぼちゃの煮物と温かいお茶を出してくれた。私はこの人たちのために何かしたいと思った。だからこのようなことを知った上でたくさんの人に語り継ぐべきだと思うけれど、実際はデモなどをしたり、ＴＶやメディアだけでは震災による被害は伝わらない部分が出てくると思う。だから実際に現地に足を運んで、見て、知って、感じてそれを伝えていく、感じさせることが大切だと思った。伝えるということはとても重要で、岩手県の小学校で津波が来たときに伝達ミスで皆が校庭にいて犠牲になってしまったのである。伝えるということは簡単なようで難しいものである。

総括

私は今回のボランティアでさまざまな経験をし、学ばせてもらった。現場に行くことで自分がイメージしているものとは全く違うものということを知ることができた。震災を語り継いでいく重要さ、忘れたいけど忘れてはいけないものがある。現地に行って復興が進んでいないことや防波堤などさまざまな問題を見つけた。この問題を解決するためにまたボランティアに参加したいと思う。そしてさらにボランティアという活動を多くの人に知ってもらうために伝えていきたい。

この写真は岩手県大船渡市で撮った空。同じ空の下もっと多くの人が笑顔になるように

復興へ向けて

経営学部
ホスピタリティ・マネジメント学科　1年
雨宮正悟

ボランティア参加の経緯

２０１１年（平成23年）３月11日（金）14時46分18・１秒、東北を中心に甚大な被害をもたらした東日本大震災。今回私は、太平洋三陸沖の震源地から近く被害も大きかった岩手県大船渡・宮古で４日間にわたるボランティア活動を行ってきた。

私は、被災後初めて東北にボランティアへ行った。私は、震災が起きてから行かなければいけないと思いながらも行けずにいたのだが、ホスピタリティ・マネジメント学科の先輩方がボランティアツアーを企画してくれたことがきっかけとなり、参加することを決意した。大船渡・宮古と釜石に分かれての活動であったが、私は大船渡・宮古で　活動を行わせていただいた。

これでいいのだろうか

私が行った活動は、1日目は、大船渡市内の震災後、草が生い茂ってしまった花壇や空き地の草むしりだった。その日の昼食で大船渡市内にある屋台村へ行ったのだが、すべての店舗がプレハブであった。屋台村の周りの飲食店や歯科医院などもプレハブであった。私は、復興の進み具合が思っていたほどではないことを知り衝撃を受けるとともに、その地域に住んでいる方々の苦労が目に見えるような気持ちになった。しかし、屋台村でうれしく思ったこともあった。それは屋台村に観光客の方々が訪れていたことだ。被災地に観光客が訪れることによって被災地の経済がよくなり復興も進むのではないかと思う。また、観光客の方がボランティアをしている私たちに缶コーヒーを買ってくださった。寒かった体と心が温かくなった。

2日目の午前は、被災後手の付けられていない物置の1階の片付けを行った。男10人ほどでとりかかったのですぐ終わると思ったのだが、午前中でぎりぎり終わるくらい時間がかかった。男10人ほどでとりかかっても午前中いっぱいで物置の1階の掃除しかできないのだから、復興するためにはもっと多くの人手が必要であると実感した。また、片付けをしていてその家の人の大切に保管していたものなどをすべて捨ててしまわなければいけない状況に悲しくなった。片付けている中にはまだまだ使えそうなものもあるのに捨ててしまう状況だった。大船渡では、衣類などの可燃物もコンクリートとして再利用しているのだが、もっと良い再利用方法を考えるべきではないのかと思った。この活動の中で休憩があったのだが、家主である紀室ヒロ子さんがお茶と大根の漬け物、かぼちゃの煮物を出してくださった。現地の方々が私たちにそのようなことをしてくださり、感謝とうれしさでいっぱいになった。

午後は、被災地の現状や地震が発生したときの状況などを知ることのできるツアーに参加した。私の中ではこの活動が一番心に残る活動となった。ガイドさんがついてくれてバスで大船渡、高田市を見学するツアーだった。私が思っていたよりはるかに津波がすごいものであったこと、震災前の街並みと被災後の現在の街並みの違いなど、衝撃を受けることだらけだった。警報が発生してから車で逃げようとして混み合ってしまい逃げ遅れ津波に流されてしまった人、海から遠くに離れるのではなく高台へ逃げて助かった人、さまざまなエピソードを聞いた。一瞬の判断によって結果が変わってしまう。津波というものは一瞬で多くの命を奪ってしまう自然災害であることを知った。街も一瞬で流されてしまうのだが、復興するためには長い時間がかかる。震災から2年以上経った今でも高田市は震災前の街並みと比べものにならないくらい何もない状態であった。本当に街があったのかと思うほど何もない状態である。本当に津波の怖さを実感する光景であった。今回の津波は防波堤を越えてしまった。そのために政府は12・5メートルの防波堤を造ろうとしている。しかし、高田市の住民は反対しているのである。なぜなら、高田市民にとって海の景色がある高田が故郷であるという思いがあるからだ。また、12・5メートルの防波堤を造っても今回と同じ津波が来れば越えてしまうといわれている。それなのに政府は防波堤を造る事業を進めている。防波堤を造ることによって政府に予算の何割かが返ってくるというシステムになっているので住民の方々の意見は関係なく事業を進めているのである。復興をするにはもっと地元住民の方々が住みやすい、そして住みたいと思う街をつくりながら復興しなければいけないのではないかと思った。

終わりに

今回のボランティアを通して、現地に行かなければわからなかったことをたくさん知ることができた。現地の方々は私たちが知らないような問題や不安と戦っている。それは防波堤のことやこれから開催される東京五輪、そして原発。ギリギリの予算で復興の工事をしている会社が東京五輪の工事を受け持つことで復興が今よりも遅れてしまい、被災地のことは忘れられてしまうのではないかと不安に思っていると現地の方が言っていた。私は、防波堤のことや東京五輪、原発はすべて政府がもっと被災地、国民のことを考えなければいけないのではないかと思った。私ができることは少ないが、これから被災地の復興のためにできることがあれば力になりたいと思う。

3日目に訪問した仮設住宅の方々。私たちが帰るときに見送ってくれた

知ること、伝えること

経営学部
ホスピタリティ・マネジメント学科　1年
白川綾華

決意、そして出発

東日本大震災ボランティアツアーの第2回を行うことになった。高校3年生の夏、亜細亜大学のパンフレットに書かれていた東日本大震災ボランティアについてのページを今でも覚えている。東北へ行ったのは震災前以来だ。震災後は初めてであった。メディアの情報を聞くのと、現地に行くのとでは感じるものも違うはずだ。そのため、もし、このような機会があればぜひ参加したいと考えていた。自分にできることがどんなに小さなことでも、やることに意味がある。こんな機会を与えてもらえることなんて少ない。行かなければならない。そう感じ、今回の活動に参加する決意をした。

11月7日午後11時、バスが出発した。消灯時間になり、バスの中で眠りについた。目が覚めると朝になっていた。ふと窓の外を見た瞬間、その光景に言葉を失った。重機がいくつも見えた。街の建物や家の代わりにあったのは砂の山だった。ついに着いたのだ。1日目の朝に見たこの光景はものすごく強い印象を私に与えた。

現地にて

1日目は草むしり、2日目は被災地を見学した。展望台に上ると養殖のいかだが並ぶ、きれいな海が見えた。しかし、この海が2011年3月11日に街を襲ったのだ。陸前高田市へ向かった。高田松原の道の駅跡である。背の低い建物と背の高い建物があった。高い方は、船の帆をイメージした三角の形をしている。その向かいには、東日本大震災追悼施設が設置されていた。周りにある建物はガソリンスタンドぐらいしかなかった。2つの建物の中には瓦礫が残ったままの状態であった。高い方は天井が崩れ落ち、そこから光が差し込んでいる。瓦礫に紛れて大きな松が一本入り込んでいた。ここには名前の通り、たくさんの松が砂浜に並んでいた。しかし、残ったのは、この松と奇跡の一本松だけである。ほかの松は津波に流されてしまったというのだ。バスガイドさんの話では、津波の到達点は「TAPIC45」という文字の高さである。写真で見てわかるように、人間と比べてかなり高い位置だ。私はその文字を見上げながら波がそこまで来ているのを想像してみた。頭の中にとても恐ろしい光景が浮かぶ。言葉にできない恐怖だ。ただ何も喋らず、バスガイドさんの話を聞きながら建物の現状を目に焼き付けていた。道の駅周辺は目立つものといえばガソリンスタンドと重機ぐらいであった。建物がほとんどない真っ平らな土地が広がっている。海から離れよう。震災前の道の駅周辺はスーパーや家、学校、図書館などさまざまな建物が並ぶ街だった。震災前の写真を見る限り、自分が住んでいるところとあまり変わらないのである。人々の生活感溢れる街なのだ。それが今は、大きなトラックや重機ばかり走っている。乗用車を見かけることはほとんどなかった。人も歩いていない、生活感が感じられない景色が広がっているのだ。

「さんてつ」というマンガに、戦争には情があるが、災害には情がないと書かれていた。災害は容赦なく街を襲う。そのなかでも津波は何もかも持って行ってしまう。瓦礫も人も全部海に持って行かれ、流されてしまうのだ。

宮古市の仮設住宅を訪問した。郷土料理の「ひっつみ」をおばあちゃんたちや子どもたちと作り、交流した。お話しできる時間は短かったが、被災地の人の考えを聞くことができた。復興が進んでいないこと。仮設住宅からいつ出ることができるのか。東京でオリンピック開催が決定したことにより土木業の人がみんな東京へ行き、復興がさらに遅れるのではないかという不安が挙がった。日本でオリンピックが開催されることはうれしいが、被災地を忘れないでほしいということが現地の人々の本音である。

東京に帰ってから

　自分が想定していた以上に、メディアを通して見るのと実際に足を運んで見るのとでは感じるものが違っていた。言葉に表せない衝撃があった。また、震災による直接的な被害以外の問題があることを知った。現地の人の意見を取り入れずに国が勝手に進めている巨大な防波堤設置が決定してしまった。確かに、津波の被害を軽減させる手段にはなるが、反対派の意見を無視するとはどういうことなのだろうか。バスガイドさんも、仮設住宅の人々もみんな口をそろえて言うことがある。それは、伝えることだ。１９６０年のチリ地震で、津波が大船渡市を襲った。この教訓が生かされず、東日本大震災の被害が大きくなったとも言われている。東京に住んでいる私たちには津波なんて関係ないなどの考え方は決して持ってはいけない。津波が来たらまず高台へ。なるべく高いところへ移動することが大切である。高田松原の道の駅で、高い建物の一番上に登った職員は助かったという。しかし、海から離れよう、遠くへ行こうとした人々は津波にのまれてしまったのだ。

今回、ボランティアを通してたくさんのことを学ばせていただいた。学んだことを東京でも生かすために、このことを忘れず、後世に伝えていこう。いや、伝えていかなければならないのだ。

高田松原の道の駅。「TAPIC45」の文字の位置まで津波が来た

実際に行かないと実感できない

経営学部
ホスピタリティ・マネジメント学科　1年
瀧川彩孝

一枚の写真の大切さ

私は、11月7日から、10日までの東北ボランティアに参加した。その紙を配られたときにすぐ参加したいという思いが湧いた。なぜだかはわからないが、きっとこのボランティア活動を経験すれば何か得るものがあるのではないかと思い込んだ。

8日の早朝に岩手県大船渡市にある福祉の里についた。少し標高があったせいか、空気がとても澄んでいて、気温はさほど東京と変化がないように感じた。数時間後、私は写真洗浄にとりかかった。私の写真洗浄のイメージは、泥まみれになった写真をただ水で洗い流すというものだったが、実際には違っていた。今回洗浄した写真は、理由は不明だが泥まみれになっておらず、まるで何も被害に遭っていないように見えた。だが、写真洗浄の専門の方は決まった手順で洗浄方法を教えてくれた。写真の種類によって洗浄方法が異なっていて、たった一枚の写真であってもとても丁寧に管理されていた。それは、返却される方にとっては唯一写真だけが手元に戻ってくる物であるという方もいて、それが大事な宝物になるのでしっかりと管理していると言っていた。

自分の目で見たものと想像との違い

9日は、午前中に津波で被害に遭った倉庫の中の物を処分する作業を行った。作業をしている中で、衣類から食品関係、洗剤や電子機械などたくさん出てきた。いまだに使っていない物やきれいな物がたくさんあり、津波の被害に遭って使えなくなったと考えると、すごくもったいないと感じた。休憩中に倉庫の所有者の紀室さん(73歳)がかぼちゃの煮付けと漬け物をもってきてくれた。そこで紀室さんが言った言葉が「ボランティアをしている人に対してのボランティアだよ」と。私はこの言葉にすごく感動し、心がとても温かくなった。

午後は、陸前高田市内のツアーに行った。陸前高田市はとてつもない被害を受けていて、その被害のひどさを物語るように破損された建物がいくつもあった。ガイドの方が話された中で、陸前高田市には12・5メートルの防波堤を造ることが決まっている。だが、防波堤を造ることによって地中から海に流れている雨水が海の生き物に栄養を与えられなくなり海が汚くなってしまう恐れがある。また、２０２０年に東京オリンピックが開かれることによって復旧作業をしている工業団体が東京のほうに持っていかれて、東北の復旧作業は忘れられてしまうのではないかと心配している。日本の政府はもっと被害に遭った人に耳を傾けてほしい。市民はそのような意見に反対しているのにも関わらず、防波堤を造ればいいという形だけ見せて終わらせてほしくない。しっかりと市民の意見も取り入れて街の再建を考えてほしい。復旧は順調だ、とよく耳にするが、私はこの陸前高田市の状態を見て、どこが順調なのかもわからないし、まだまだ人が住める状態にもなっていない。これでよく世間は落ち着いたと言えるなと思った。

被災者の方々の心の内

10日は、宮古市の河南仮設住宅に行き、住んでいる人たちとひっつみ汁を作った。仮設住宅に住んでいる方はとても元気なおばあさんたちでいっぱいで驚いた。まるで過去につらい思い出などなかったかのような明るさだった。そこで先輩が２０２０年の東京オリンピックのことについて話をしたが、とても嫌な顔をされたと言っていた。やはり心の中では不満の声がたくさんあるのだなと感じた。

私は今回のボランティアに参加して強く心に残ったものがある。それは、ツアーで陸前高田駅前を案内してもらったときだ。そこでガイドの方に見せてもらった被害を受ける前の写真。私は被害に遭った陸前高田市を見てここは田舎だったのかなと思い込んでいたが、写真を見たら驚くようにそこは栄えていた。今は更地になっている場所にもたくさんの建物がぎっしり建てられていて、近代的な建物もあった。この悲惨さは実際に行かないと本当に実感できないと思う。被災していない人は一回でもいいので被災地に行って津波の恐ろしさを実感してほしい。私は帰宅途中の電車の中で、自分は全く不自由のない生活をしている中で被災者の方々は苦労して生活をしていると考えると、被災者の方々のことを考えながら生活していかなければいけないと思った。世間で忘れ去られている3・11をも

陸前高田駅前の通りである。昔の栄えていた通りとは違い、殺風景な場所となっていた

う一度思い出して、少しでも国民が被災した方々に何かできるようになれたらいいなと思った。

風化の危機

経営学部
ホスピタリティ・マネジメント学科　2年
依田康平

まえがき

震災から2年8カ月余り、2度目の被災地に行った。月日が経つにつれて日に日に報道されなくなっている現実がそこにはあった。私は大学生になるまで被災地に行くきっかけがなかった。そのことを非常に後悔した。なぜもっと早く行かなかったのか。せめて受験が終わった春休みに行けばよかったと。今回このツアーに参加し、一番忘れてはいけないと思ったことが仮設住宅のおばあちゃんも言っていた「風化の危機」である。毎月11日のニュースで震災関連のことが報道されているが、確実に忘れられてきていることは間違いない。日に日に忘れられていることは本当に悲しいことである。

震災の影響。そして後世へ

　私が今回ボランティア活動をさせていただいた大船渡市は、被災地の中では比較的復興が進んでいると感じた。幹線道路である国道45号線は当時の面影もなくきれいになっていた。周辺施設も続々と営業を再開してきている。漁港にも来春立派な魚市場ができる。しかし、その一方でまだまだ手つかずの所もある。現在ＢＲＴ（バス高速輸送システム）で仮復旧しているＪＲ大船渡線の大船渡駅周辺。駅舎は津波によって流されてしまった。ここの土地のかさ上げ工事はこれからだという。あの有名な大船渡屋台村もこの工事の影響で今年の12月でいったん営業を終了する。現地の人からは、復興の先駆けとして開店した屋台村は今後も残してほしいという声を聞いた。同じく市内で3日目に泥出しのボランティアをさせていただいたお宅の小屋があったが、あの3・11から手つかずの状態だった。ぐしゃぐしゃになった小屋の中に真っ先に入り片付けをする。そこからは、きれいなセーター、卒業アルバムなど家主の思い出がたくさん詰まっていたので、片付けながら込み上げてくるものがあった。3時間かけてやっと終わったときは達成感が湧いた。結果として地道な努力が一番復興への近道であると感じる。

この日の午後に現地のガイドツアーをしていただく機会があった。ガイドの女性の方は私たちに丁寧に当時の状況を説明してくださった。大船渡市をはじめとする三陸沿岸は過去に2度大きな津波が来ている。それが明治三陸地震とチリ地震である。この時も津波に襲われ大きな被害が出た。人々は高台へ転居した。しかし、沿岸地域に続々と商店などが進出し、便利な生活を求めてしまい戻って来てしまった。そこにまた津波がやって来る。教訓が全く生かされていないのである。なぜ後世に語り継げなかったのか。実に無念極まりない。その後、私たちは東日本大震災で一番被害が大きかった陸前高田市に移動した。大船渡班全員が言葉を失った。過去の地震では陸前高田市は一番被害が少なかったという。ところが今回大津波が町をのみこんでしまった。なぜなら、ここは広田湾という少し食いこんだところに位置していて、今回の地震の震源地が真正面にあったために津波が直撃してしまったからである。有名な高田松原も7万本のうち69999本は流されてしまった。残った一本が奇跡の一本松だ。ところが、この一本も5月に枯れてしまったことが判明し、現在は特殊コーティングをして置かれている。幸いなことにこの松の遺伝子を持った赤ちゃん松が6600本あり、一から一生懸命育てている。将来的に高田松原を復活させようという試みである。通称「松原再生プロジェクト」。このほかにも3・11津波到達地点を線で結び、そこにソメイヨシノなど桜を植えようという計画もある。通称「3・11さくらライン」。陸前高田市の方の宝物である高田松原を時間をかけてまた作っていく。自分もなんらかの形で協力したい。

教訓を生かそう

今回のスタディーツアーでさまざまな問題が浮き彫りになり、大きく2つが印象に残った。

陸前高田駅前から街の中心部。かつてそこには人々の営みがあった

まずは、防波堤建設問題である。陸前高田市沿岸に長さ2キロメートル、高さ12・5メートルの大きな防波堤を造る計画がある。町の人々は海の見えなくなる恐怖から反対している。そもそもなぜこのような計画が出てきたのかいささか問題がある。過去の教訓が全く生かされていない。政府は勝手に決める前に被災地視察をもっとするべきだ。現地に赴くことなく決めてはならないと感じる。もう一つは、震災遺児の問題である。阪神大震災を上回る人数の子どもたちがいる。子ど

もたちのケアをはじめ、これからの教育方針などさまざま検討する必要がある。

今回のボランティア参加は、高校生の頃から思うと自分がリーダーとして皆を引っ張り活動することになるとは正直思っていなかった。現地で活動し、経験したことをたくさんの人々に語り継ぐのは私たちの役目である。決して風化させてはいけない出来事なのだ。

感謝すること、されること

経営学部
ホスピタリティ・マネジメント学科　2年
沖田蓮

普通の生活には戻れない

震災から2年半以上が過ぎ、ずっと行きたかった東北のボランティア活動に参加することができた。前々から何かしたい、何かしなきゃと考えていたものの一人で行動する勇気もきっかけもなく、ただ時間だけが過ぎていった。そんな中で、このボランティアツアーが企画され、私は行かせていただくことになった。少しでも力になれれば、そんな気持ちでいっぱいだった。

夜行バスで東京から9時間近く、岩手県大船渡市は震災から2年半以上が過ぎた今も、テレビで見たままの光景が広がっていて、東京にいることで、忘れかけていた震災の影響を改めて感じさせられた。

車での移動中、地元の人は「こうなるまではこんなに海が近いと思ったことがなかった」と言っていた。駅のメインストリートも津波の影響で更地になっていて、電車の線路はバス専用の道路になっていた。ここには何があって、あそこには何があってと説明してくれた場所にはもう何もなかった。話している最中に「もう普通の生活には戻れない」と笑いながら明るく言ってくれたが、この一言がすべてだと感じた。この3日間で自分に何ができるのかとても不安になった。

活動の中で

初日は、仮設住宅の方々とひっつみ汁を作るサロン活動をした。ひっつみとは、小麦粉を使った汁物の郷土料理のことで、岩手県の北上盆地を中心とした地域で食べられていて、小麦粉を練って固めたものをひっつまんで作ることからひっつみ汁と呼ばれているそうだ。ボランティアで行ったつもりが、何から何までやってもらってしまい、自分が何をしに来たかわからなくなった。ひっつみ汁が煮えるまで、ペタンクというゲームを体験させていただいたり、仮設住宅の周りを見学させていただいたりした。

私たちの行った仮設住宅は、小学校のグラウンドや野球場に建てられていて、子どもたちが運動する場所はあるのだろうかと心配になったし、仮設住宅自体も、四畳半程度の広さしかなく、一軒家に住んでいた人たちにはとてもストレスに感じるのではないかと思った。そんな生活を強いられていながら、私たちに対して明るく振る舞う皆さんに、震災の話や津波のことを聞いて、不快な思いにさせないだろうかと考えているうちに活動終了の時間になっていた。次は、ちゃんと聞けるようにしようとミーティングしたが、聞けるか不安だった。

2日目は、朝から昼にかけて物置の泥出しの作業と陸前高田の見学をした。震災から2年半以上経っているのにも関わらず、作業した物置は手つかずの状態であった。ライフラインに影響しない物置などは後回しにされるためだと思われる。津波の影響はすさまじく、箱にきれいにしまわれていても、使い物にならないくらい汚れているものも多かった。なかにはとてもきれいな状態の衣類もたくさんあったが、すべて捨てられてしまった。一応、燃やした後にセメントに混ぜられ再利用されるそうだが、もっと良いリサイクル方法はたくさんあるのではないかと思った。男10人近くでとりかかったものの、活動時間が短く、最後まで終わらせることができなかった。そのくらい重労働で大変な作業だったが、休憩の時間に「ボランティアしてくれる人へのボランティア」と言って温かいお茶にかぼちゃの煮物などを出してくれた。とてもおいしかったし、心が温かくなった。作業が終わった後も、ありがとうと何度も言ってくれて来てよかったと思えた瞬間だった。

物置での作業が終わった後は、陸前高田を見学した。奇跡の一本松や道の駅、駅のメインストリート、どの場所も5メートルから10メートルの高さの津波が押し寄せ、その爪痕を残していた。また、海に面した陸前高田は、場所によっては両方から津波が押し寄せた場所もあり、展望台からその地域を見させてもらったが、想像しただけ

展望台から撮ったもので、震災の日には両方から津波が押し寄せた

で怖くなったし、その地域も被害が凄まじかった。

最終日は宮古市に移動しサロン活動をした。初日の反省を生かし、震災の話などを積極的に聞いた。たくさんのお話を聞くことができたが、中でも印象に残っているのは2020年の東京オリンピックの話だ。被災していない地域では大いに盛り上がった話題であったが、被災地ではぎりぎりの予算で建設などを進めており、東京オリンピックが開催されることによって復興が遅れてしまったり、震災のことが後回しにされるのではないかと素直に喜ぶことができなかったそうだ。

リアル

3日間という短い間だったが、本当にいろいろなことが学べた。東京にいるときには自分の知ることができなかったリアルをたくさん知ることができたボランティア活動だった。当たり前のことを当たり前にできる生活がどれほど幸せで恵まれているか、知っているつもりで気付けていないことがたくさんあった。大船渡の方々も、大して力になることができなかった私たちに、それでも来てくれてありがとうと言ってくれた。東京にいたら何もできないかもしれない。それでも、この経験を生かしていけるように、一日一日をもっと大事に生きていこうと思った。今度は自分から進んでボランティアに行きたいと思う。

踏み出してみないとわからないこと

経営学部
ホスピタリティ・マネジメント学科　2年
島田唯花

思いを実行に……

東日本大震災から2年8カ月が経つが、私は当時の東北を襲った大津波の映像を今でも鮮明に覚えている。地震が起き、すぐにテレビで、津波が押し寄せ、一瞬にして何もかもが消えてしまっていく被災地の状況を目にした。その時は正直、恐ろしさを感じるとともに、何も言葉にできず、これが現実だと受け止めることもできなかった。当時、私はまだ高校生だったために、何か被災地の力になりたいと思っても、できることは募金をすることくらいだった。そんな自分がとても歯がゆかった。その後、ボランティアとして被災地に行きたいと思っても、自分が行って本当に力になることができるのかという不安もあり、なかなか踏み出すことができずに日は刻一刻と進んでいってしまった。2年半が経ってしまったが、そんな時にゼミが中心となって学校全体で参加者を募り、ボランティアに行くということが決まった。そこで、私はまださまざまな不安はあったが、自分にできることを精一杯やってみようと強く決心し、現地へ向かうこととなった。

行ってみなければわからない現実

11月8日から岩手県大船渡市と宮古市で3日間のボランティア研修ツアーを行った。まず、1日目は津波によって被災した写真の洗浄をする活動をさせていただいた。初めに思ったことは、私が想像していた写真洗浄とは違ったものであったということだ。写真のプロの方が写真洗浄においての細かい知識と注意点を教えてくださった。その中で特に驚きだったのは、被害によって写真洗浄の仕方が異なるということだ。今回は津波ということで写真に付着したカビやヘドロ、重油なども取り除かなければならないため、とても神経を使う細かい作業であった。また、写真の種類によって洗浄方法が違うため、さまざまな種類の洗浄方法を教えていただいた。今回、私たちはRCプリントという現代の写真の洗浄をした。私たちが洗浄した写真はすべて、ある一家族のものであった。写真を洗浄していく中でその家族の変化や子どもの成長を見て感じ、心に響くものがあった。津波によって、たくさんの大切なものを失ってしまった被災地の方にとって、一枚一枚の写真がどれほどの重みを持つものなのかということに気付かされた。プロの方は、「写真は唯一残してあげられる財産」ともおっしゃっていて、私は一枚一枚の重みを感じるとともに、写真の持ち主の方や被災地の方々の気持ちを考えながら丁寧に洗った。さらに、私たちが洗浄している隣ではプロの方とお手伝いの方々が洗浄した写真の返却方法について話し合いを行っていた。写真の中には状態が悪く洗浄ができないものもあり、それらについてはどのように返却するべきかと真剣に考えていた。そこで改めて一枚一枚に対する思いを感じ取ることができた。この大船渡市では震災から45万枚のうち40万枚という90％の写真の返却がされている。これはプロの方の技術とお手伝いさんの知恵なくしては、成し遂げることができなかったことだろう。あまり世間には知られていない、見えない小さな努力の積み重ねにおいて達成できているのだと思う。今回私たちが洗浄できたのは、ほんの少しにしか過ぎないが、洗浄した写真が持ち主の方の手に一刻も早く戻ってほしいと思うとともに、このような貴重な活動に携わることができて、よかったと心から思う。

2日目は大船渡・陸前高田の被災地視察だった。私は今回が2度目の被災地視察であったが、初めて来たときは、あまりにも悲惨な被災地の状況を目の当たりにし、ただあぜんとなるばかりであったが、今回はまた違った気持ちで視察することとなった。今回はガイドさんの付いた視察ということで、さまざまなお話を聞くことができた。私は実際に被災地に行き、メディアで見る被災地と目で見る被災地の違いを痛感した。この震災は忘れたくても決して忘れてはいけない事実として、後世に伝えていかなければならないと強く感じた。

3日目は、仮設住宅にお邪魔して、被災地の方と直接交流をした。初めは被災者の方の心を察しながら、お話ししなければならないと思ってしまって、うまくお話を伺うことができなかった。しかし、被災地の方は想像以上に元気で素敵な笑顔を振りまき、私たちを迎えてくださった。逆に硬くなってしまっていた私がなさけなく感じた。お話をしていく中で、被災地の方々は、私たちのようなボランティアの人が来てくれることで元気がもらえると言ってくださった。私たちは被災地のために何かしたいと考え過ぎていたが、被災地の方にとっては実際に訪れてきてくれるだけでもうれしいことであり元気をもらえるのだと言われ、心が温かくなった。逆に私たちも被災地の方の笑顔でたくさん勇気づけられた。

これから、私たちにできること

今回の3日間という短い期間で被災地の方のためにできたことはほんの少しに過ぎないかもしれない。しかし、私がこの短い3日間で学び、感じ、得たものはたくさんある。それらを、家族・友人などに伝えていくことがボランティアに行った私たちの最大の使命なのではないか。そうしていくなかで、また一人二人と被災地復興のために大きな力となっていくのだ。まだまだ、これから誰にでもできることはある。それは「この東日本大震災を絶対に忘れない」ということ。私もこの震災は絶対に忘れて

大船渡市社協にて、写真洗浄のボランティアをする様子

はいけないこととして後世にも伝えていくべきなのではないかとボランティアを通して強く感じた。

生き続ける財産

経営学部
ホスピタリティ・マネジメント学科　2年
高山クミ

体感

「写真は唯一残してあげられる財産なの」。私が岩手県、大船渡市の社協で写真洗浄のボランティアを行った際、胸を打たれた一言だ。東日本大震災の主な被害は津波であり、その津波から何も持たずに身一つで逃げてきた方が多くいるという。何もかも津波に流され、一瞬ですべてを失ってしまった人たちにとって「写真」とはたった一枚であっても「大きな財産」であるという。写真を洗浄する私たちにとっては何万枚の中の一枚であっても、誰かの大切な一枚なのだ。そう実感すると、手に取った写真一枚にずっしりと重みを感じた。私たちが洗浄した写真は返却者が決まっていて、とても状態の良いものだった。しかし、そこまでの選別には長い時間と苦労があったことが感じられた。写真洗浄といっても、写真の種類や被害によって洗浄の仕方が全く異なるそうだ。今回は津波による被害であるために写真は塩水、バクテリア、尿、油などをかぶっている。また、写真の保管は大変難しく、冷凍保存をしているそうだ。常温の保管では台紙アルバムののりにカビが生え、写真をだめにしてしまう。そして、それらはアレルギーを引き起こし、洗浄者の健康に害を及ぼす可能性があるのだ。簡単に洗浄ができると考えていた自分にとって、驚きの連続であった。また、多くの手間がかかっていることを感じた。大船渡市の写真洗浄、そして返却の成績はほかに群を抜いていて、45万枚中40万枚もの写真が被災者のもとに返却されていた。そこにたどり着くまでにどれくらいの苦労があったのだろうか。洗浄をする私たちの横で職員の方たちはそれぞれが違った作業をしていた。返却者が見やすいように、行事ごとにアルバムを作っていた。そのアルバムを見てもらい、持ち主の違う写真は抜いてまたアルバムを作る。果てしない作業ではあるが、それが多くの返却に有効なのだそうだ。写真の返却の

洗濯バサミで干された写真たち。一枚一枚の重みを全員が感じた

際にかける言葉についても数人もの職員が頭を抱え、考えていた。また、ボランティアや住人の方々による協力には助けられたと話していた。その話を聞き、私たちも大きなやりがいを感じられた。功績の裏側には、見えない苦労や努力があったのだと身をもって感じることができた。

知られていない現状

2日目のバスツアーで、大船渡市や陸前高田を回ることとなった。私が目にした風景は津波に何もかもさらわれ、更地になった町。悲惨な津波の爪痕の残った建物。防波堤の建設のために集められたショベルカーや積まれた土砂だった。山々は紅葉が美しく、海は濃紺。空は雲がなく、青く晴れ渡っていた。それらは殺風景な街並みとは不釣り合いで、胸が痛くなった。そして、改めて地震や津波、自然の恐ろしさをバスガイドさんのお話や記録から感じることができた。これから三陸の海沿いには巨大な堤防が建設されることが予定されている。海は町から見えなくなり、海の生態系は壊れてしまう。また今回の被害は、以前の震災の教訓が今に伝わっていなかったために犠牲者が増えてしまった事実があるとバスガイドさんが教えてくださった。震災の話題が全く取り上げられることのなくなったこの世の中で、どれくらいの人々がその事実を知っているだろうか。東京でのオリンピック開催が決まり、東北の人々は建設業者が競技場の建設を優先し、復興が滞ってしまうのではないかと不安に感じている。仮設住宅の機能性や、狭いコミュニティーで暮らすことの苦しさや楽しさ、2年経った今被災者が思うこと。現地の人々が復興のために、今でも懸命に頑張っていること。その叫びはどれくらいの人々に届いているのだろうか。私は現地に行ってみて、すべてを見て感じられたわけではない。しかし、行ってみなければ知らないことばかりだった。震災によって失われてしまったものよりも、残されているものや人の大切さを感じるようになった。3日間という短い時間であっても、私たちが見て、感じたことは貴重な体験であり、多くのことを学ぶことができた。そして、たくさんの人たちに同じように見て、感じてほしいと思った。

私たちにできること

大げさかもしれないが、失われてしまった人やものは、生きている私たちが忘れてしまえば「なかったことになってしまう」のではないだろうか。生きている私たちは伝えていかなくてはならない。なぜなら、被災していない私たちにとって唯一できることだと思うからだ。悲惨な爪痕をあえて残すこと、震災の教訓を語り継ぐことや現在の状況を伝えることは辛いことだろう。誰もが辛かったことや悲しかったことを忘れたがっている。しかし、決して忘れてはいけない。なぜなら、私たちが伝え続けることが誰かを助けるかもしれないからだ。皆が見て見ぬふりをしている、今の日本で。

忘れたいと思っても、忘れちゃいけないことがある

経営学部
ホスピタリティ・マネジメント学科　２年
清水怜奈

東日本大震災との出会い

「あなた方のすることのほとんどは無意味であるが、それでもしなくてはならない。そうしたことをするのは世界を変えるためではなく、世界によって自分が変えられないようにするためである」。私の力はほんの微力である。だが、たとえ世界中の人が東北の震災を忘れてしまっても私が記憶していくことだけはできる。

東日本大震災が起こったその時、私は八王子の公園にいた。今まで感じたことのない、大きな揺れを感じ、思わずしゃがみこんだ。公園にあった石像は大きな音をたて倒れ、閑静な住宅街は静寂に包まれていた。テレビはどこもニュース番組を放送し、その中で東北の津波の映像

や中継が絶え間なく流れている。私はそれをただ見ているしかなかった。

そして、震災から2年4カ月経ってから初めて被災地に足を踏み入れた。そこには、私がテレビで見ていた悲惨な状況も、悲痛な人々の顔もなかった。ただ、海岸沿いは更地となり本当になにもないのだ。そこで私は自分の認識不足を悔いた。2年経ち被災地の情報は、新聞や本、インターネットなどでしか得られない状況。その中で原発の報道ばかりが発信され、今被災地はどのような状況なのか、本当に理解することができていなかったのだ。

被災者との出会い

視察から4カ月後、今回のボランティア研修ツアーに参加し、もう一度岩手県に足を踏み入れた。大船渡市・宮古市での私の活動は、仮設住宅でひっつみ汁を作って、食べながらさまざまなお話を伺うというものだった。仮設の方々はみな、明るく元気で逆に私たちがその笑顔に元気をもらってしまった。そして月に2~3回行われる、このような「サロン活動」をみな楽しみにしている。仮設住宅はとても狭いコミュニティーなのだ。そのため、仮設住宅に暮らし始めた当初は、周りに気を使い心休まる時のない生活だったという。だが、1年以上の月日を費やし、仮設住宅の人々はつながりを密にしていった。仮設住宅の人々はすぐには引っ越すことのできない人が大半だ。だからこそ、仮設住宅での生活はより楽しく過ごしやすくなければならない。そのための「サロン活動」は必要不可欠なものだと切に感じた。

東京で得る100の知識より、現地で得る1の経験

被災地ツアーでは、現地ガイドの方に案内をしていただいて、被災地を震災前・震災後の景色と見比べながら、なぜ陸前高田があんなにも津波の被害を受けたのかを教えていただいた。そして、なによりも「『被災したもの』などは残すべきなのだろうか」ということを深く考えさせられた。津波に襲われた建物は被災者の方の辛い思い出を呼び起こすものでしかない。だが、人は忘れる生き物である。何百年と経てば、実際に被災した人々はいなくなってしまう。そんな時、その震災の悲惨さを伝えるものは残った「もの」なのだ。被災地では、人々の苦痛を減らすためにも次々と「被災したもの」を解体しようという声もある。震災は被災者にとって、つらい出来事でしかない。けれど「被災したもの」を残さなければ同じ過ちを繰り返してしまうのではないだろうか。津波の本当の恐ろしさを体験していない私が言うのはとても簡

大船渡班が展望台にてガイドさんのお話を聞いている様子

単だ。だが、だからこそ、被災地の方とともに震災当時の状況や体験を知ることにより、私たちが伝えていく努力が必要だと感じた。私たちがこのような文書・記録・映像を残していくことで、それは膨大な数になる。被災者にとって忘れたい記憶ならば、少しでも私たちが一緒に背負って、伝えていくことはできないだろうか。

今回の研修ツアーを通して、私は被災地を元気にしたいと思って活動している方と、被災地で実際に生活している方、両方の意見を聞くことができた。来てくれるボランティアの人に単純作業をしてもらうのが本当にいいのか、と悩みながら話してくださった伊藤さん。大学生のような若い人が来てくれるだけでうれしいと話してくれた、仮設住宅の皆さん。本当にたくさんの方にお世話になった。私たちがしたことは本当に微力にもならないものだっただろう。だが、私たちが過ごした4日間は決して無駄ではなかったと感じている。これがスタートだ。今回の研修ツアーで岩手を訪れ、町の人々に触れて「また来てね」、そう声をかけていただいた。東京で100の知識を得ることも大事なことかもしれない。だが、東京で得る100の知識より、実際に現地に足を運び得た1の経験は何にも替えがたい知識になる。私たちが被災地のためにできることは少ない。それでも、行動しなければなにも始まらない。ならば、まず東北とのつながりを絶やさないことから始めてみようと思う。

現実と向き合う

経営学部
ホスピタリティ・マネジメント学科　2年
三枝航也

はじめに

今回、東北復興ボランティアに参加させていただき、心身共に成長することができた。現地の状況を見て、現地の方と触れ合い多くのことを考えさせられた。どう接するか、どんな質問をしようかなどの不安がたくさんあったが、実際に訪れると温かく、気さくな方々ばかりで逆に自分たちが元気をもらってしまうぐらいであった。震災によって起きた津波の被害を今までは画面を通して見てきた。そして今回自分の目を通して被害状況を目の当たりにした。私が考えていた状況とはかけ離れており、リアルな状況、現地の方の思いを聞き、体で感じ、忘れられない経験をすることができた。

考えさせられた3日間

私は、大船渡・宮古グループ約20人と4日間の行動を共にした。1日目は、サロン班・写真洗浄班・ボランティア班の3班に分かれて各班で活動を行った。私は、ボランティア班で活動を行い、道路沿いの花壇の草刈りと空き地の草刈りを行った。9時半ごろから活動を始めて3時まで活動したが、正直私たちには、これっぽっちしかできないのかと感じた。しかし作業中に近隣に住んでいる方たちから「お疲れ様」、「ありがとね」と声をかけていただいた。やはり考えているのではなく、何ができるかわからなくても行動することに意味があるのだと実感した。帰って全体ミーティングを行い、班ごとの活動内容報告をした。中でも印象に残っている活動内容だったのが写真洗浄班だ。簡単だと思っていた作業が実は難しく緻密で重要な作業だとわかった。被害によって写真の現像が変わり、作業では洗濯バサミの跡がつかないように工夫をしているようだ。45万枚の写真が油や、尿、ガソリンなどで汚れており、それらの写真は身一つ残すことと同じくらい重要なものであり、財産なのだ。

2日目は男子と女子に分かれて、私たち男子は、倉庫の整理でゴミの分別作業を行った。一見、小さな倉庫で、男が12人もいればすぐに終わるだろうと思っていたが、思いとは裏腹に大変であった。ゴミを出す際に、一度にはっきりとした分別をせずにやってしまったために、効率が悪かった。そして分別をしている最中に何度もまだ使えそうな私物が出てきて、さらには明らかに着ることができる未開封できれいな服もたくさん出てきた。家主の紀室さんは、すべて捨ててくださいと言っていたが、あまりにももったいなかったので私は、一枚のトレーナーをいただいてきた。震災によって困っているのは、承知だが洗ったりして使い道を探さないのかと考えた。また、しょうゆや油などの液体を川に流していたので正しいのか疑問に感じた。午後は女子と合流し、視察をした。ガイドさんも同行していただき、被害のあった場所を案内してくれた。私が印象的だと感じたのは、道の駅の高田松原だ。6メートルの防波堤が崩れてしまい、それはすべて沖側に倒されたのではなく、海側に崩れた。押し寄せてくる波には強かったが、引く波の力には弱かったようだ。そして今、新しく防波堤を立てており、底辺の部分だけで50メートルもある台形型の防波堤を造っている。高さが12・5メートルで安定させるために地中を掘って設計されるようだ。そうすることによって自然のサイクルを壊してしまったり、また大地震が起きたときに液状化現象が起きるのではないかと住民の不安の声も少なくないようだ。しかしなぜこのような防波堤を造るのだろうか。地元の人々には利益はなく、もし、また地震が起きたら逆に被害を広げるだけなのではないか。そして建てたことによって喜ぶのは国であり、地元の人は喜ばない。政府は何を思っているのか、意味のある行いをしてほしい。このような災害を忘れないために被害場所を残せないだろうか。被災地の復興作業をしている人々は低賃金で働いている今、東京オリンピックが決まり、復興作業を置いて東京に行ってしまうのではないかと、現地の方は東京オリンピックをよく思っていなかった。3日目は班に分かれて仮設住宅にお邪魔し、現地の方と「ひっつみ」を食べた。そこでは震災当日のビデオも見せていただいた。震災が起きたときはやはり受け止められない事実と悲しみしかなかったが、今は皆さん明るく、元気に過ごしており温かい方々であった。

後世へ語り継ぐ

今回の東北復興ボランティアに参加して学んだことは多くある。これらの被害を実際に見てきた私たちが後世に語り継いでいくことが大切だ。事前にできること、対策があることを忘れない。そして起こったことを受け止める。決して簡単ではないが、自然と共存するとはなんなのだろう。そんな、普段考えはしないことを思わせてくれた4日間だった。

「3の前は？」という問いかけに「2！」と答えてくれ、皆さん自然で明るい笑顔の瞬間

ボランティアセンター、福祉の里、バスの運転手さん、企画してくれたゼミの皆さんには、感謝の気持ちを伝えたい。

忘れてはいけない事実と現実

経営学部
ホスピタリティ・マネジメント学科　2年
柿岡真帆

仮設住宅で過ごしていく上での問題点

11月7日の夜から10日にかけて、亜細亜大学の有志総勢40名で岩手県へボランティア研修に向かった。今回のツアーで初めて被災地へ足を運ぶ私は期待と不安でいっぱいであった。

岩手県に入って1日目、私は仮設住宅にお邪魔して住民の方々と共に岩手県の郷土料理であるひっつみ汁を作った。初めて作る料理ということもあり、手際が悪くほとんど現地の方々に作っていただいたのが現状となってしまった。食材を煮ている間に、住民の方々からの提案で〝ペタンク〟というおばあちゃんたちの中で流行っている憩いの遊びを体験した。チーム戦で起点となるボールに別のボールを投げてより近いチームが勝利という極めて単純そうに見えるゲームなのだが、思った以上に難しく、接戦の上おばあちゃんたちに負けてしまった。仮設住宅に戻り、完成したひっつみ汁を食べながら今の被災地の状況や住んでいる仮設住宅のお話を聞いた。仮設住宅にはかろうじて暖房機器はあるが、プロパンガスを使ったヒーターが使えなかったり、家庭によっては5人で四畳半の部屋を2つ借りて生活している人もいるようだ。仮設住宅の多くは、小中学校の校庭や野球場のグラウンドなどに建っており、今まで子どもたちが遊んでいた場所がすべて奪われてしまった。話を聞いて私が一番気になった点が、仮設住宅のコミュニティーについてだ。その地域によって内容は違うが、毎月2~3回ほど仮設住宅に住んでいる方が集まってイベント事が行われていて、そこに住んでいる人々はそのイベントで交流を深めていく。仮設の取り壊しは小中学校から優先されるのだが、いざなくすとなると、そこに住んでいた人々を他の所へ移すことになる。ほかの仮設も、一気に大勢の人を受け入れるのは難しいため、どうしても別々の所への配属となってしまうのだ。そうなると、もともとあったコミュニティーに飛び込みで入ることになるし、新しい土地での生活が始まることになる。今も決して満足とは言えない生活であるのに、こうした生活を続けていけばストレスが溜まるのは目に見えている。今後は住民のストレスについての課題がありそうだ。

かけがえのない財産

午後は写真洗浄の活動にも参加することができた。今回は持ち主がわかっているということで、その方からの依頼で津波によって流されてしまった写真を洗浄するという活動のお手伝いをさせていただいた。依頼主の独身時代から社員旅行の写真、結婚式の写真、子どもが生まれたときの写真など、その人の人生をたどりながらの作業だった。作業を教えてくれた先生からもお話を聞くことができた。写真洗浄は被害によって洗浄のやり方に種類があり、写真を撮った時代によっても違うそうだ。その種類によって水で洗えるものもあれば特殊な液体を使わないと色が消えてしまったりするものもあるという。今回の被害は津波ということで水を使用して写真洗浄を行った。津波によってバクテリア、油、香水、尿などで写真は汚れていて、一番大変なのは油を落とすことだそうだ。写真洗浄をしていく中で話を聞いたのが、「身一つで逃げてきた人にとって、写真は唯一の財産である」ということだった。何百枚とある写真を、一枚一枚丁寧にやさしく洗い、返したときに年表順になるようにアルバムに整理して持ち主の元へ返すのだ。こうした些細なことにも気を使い、たくさんの見えない努力をしていて本当に素敵だなと感じた。大船渡市では、45万枚のうち約9割が持ち主の元に返されている。津波ですべてをなくした人にとって写真は一枚でもあると本当に宝物になるということを感じた。私もほんの少しではあるが、この作業を経験して誇らしくなった。

2日目の午後は被災地を巡るツアーに出かけた。大船渡はチリ地震のときにも津波に襲われていて、4メートルの波が来たそうだが、今回の震災での津波の大きさは倍以上の8・4メートルだったそうだ。今回の震災での死者のほとんどが津波による溺死で、陸前高田ではいまだに216名が行方不明だという。高田松原の道の駅にも行くことができ、津波の跡がそのままになって残されている建物を目の当たりにした。建物内に木が入り込んでいたり、コードが絡まった状態のままであったり、見ているだけで津波のすさまじさを思い知った。もともと電車が通っていたところも今は跡形もなく、ところによってはバスの路線になっていたり、駅前に広がっていた商店街は一軒も残されていなかった。今回のこの研修ツアーでは震災前と震災直後の写真を比べて見せていただく機会が多かったのだが、その写真を見るたびに目をふさぎたくなるほどの光景が広がっていた。

今、私たちにできること

今回の研修ツアー全体を通して、やはり復興には地道な努力が必要なことを改めて実感した。津波で襲われた地域も、スーパーや衣服店などの新しい店が建った反面、雑草が生え放題の更地だったり、大量のがれきが残されたままの所がまだまだたくさんあった。7年後に控えた東京オリンピックも、関東ではお祝いムードの一方で被災地では複雑な心境を抱えていたことも知った。復興の予算はぎりぎりでやっているのに、東京には新しい建物や道路が増えていって、人も移り変わる。今被災地で復興に向けて働いている人も東京に行ってし

みな、笑顔で前を向いて歩いているのだなと感じた一枚

まい、忘れられてしまうのではないかと心配する声が多いという事実を知った。先ほども述べたが、仮設住宅に住んでいる人々のストレスの問題も、どのようにしたらよいのか考えていきたいところである。このような数々の課題が残されていても、被災地に住んでいる方々はとても元気で笑顔が素敵で、逆に元気をもらえた気がした。今回の体験は自分にとってとても大きな財産となった。テレビで見るだけでは伝わりきらない事実がたくさん転がっていた。忘れたいと思うようなことでも忘れてはいけない現実がある。私はこの経験をできるだけ多くの人に伝えたいと思う。

未来に生きる財産

経営学部
ホスピタリティ・マネジメント学科　2年
中島沙理

自分自身の財産に

出発日の2日前、今回のボランティア研修ツアーの団結式が行われた。そこで、このツアーを企画した2年生のゼミの先生がガンジーのある言葉を私たちに紹介してくださった。『あなた方のすることのほとんどは無意味であるが、それでもしなくてはならない。そうしたことをするのは世界を変えるためではなく、世界によって自分が変えられないようにするためである』。この言葉は、ボランティアに行くことに決めたものの、その意味や目的に多少疑問を感じていた私の気持ちを払拭してくれた。この3日間で被災地の現状を大きく変えることはできなくても、何もしないで終わらせないことが、自分自身の経験という財産になるのだ。

正しい知識を語り継ぐ

1日目は、大船渡の仮設住宅に住む人たちと郷土料理であるひっつみ汁作りを行った。その仮設住宅は、中学校の校庭と隣の野球場に建てられていた。校庭のほとんどは仮設住宅で、一角にブランコが一つあるだけで、生徒が遊べるスペースはほとんどなかった。普通の学校ではありえない光景に違和感を覚えた。仮設住宅の方は、私たちのためにお漬け物とさつまいものご飯も作っておいてくださり、ひっつみ汁作りもかなりリードしてくださった。皆さん見た目は元気だが、心に震災による傷を負っていると思うと嫌な気持ちにさせてしまうのではという不安から、本来の目的である今の仮設住宅の生活や震災のことを深く伺うのは気が引けた。そんな中でも、この仮設住宅では1部屋四畳半であり、ある5人家族の方は2つ部屋を借りて暮らしていると伺えた。また、このようなグラウンドなどに建てられた仮設住宅は撤去しなくてはならず、2年間で築いたコミュニティーが崩れてしまうことや、新しい土地でのつながりを心配している人もいるのだと知った。お別れの際、仮設住宅の方々は道の柵の所まで来て、私たちが見えなくなるまで手を振ってくださった。私たちと交流することを楽しんで、元気になってもらえたことがうれしかった。

　午後からは、津波にのまれた写真の洗浄を体験した。この仕事は国からお金が出ていて、無償で洗浄し、写真の持ち主に返している。45万枚のうち9割の40万枚が持ち主に戻るという。津波にのまれ、汚れてしまった写真は冷凍庫に入れれば、保存状態が保てることや、パソコンで印刷した写真・インスタント写真など種類によって洗浄の仕方が異なること、化粧品・ガソリンなどあらゆる種の油が写真を汚していることを教えていただいた。私たちは、写真に笑顔で写る人たちの思い出に寄り添いながら、写真を一つ一つ冷水の中で手洗いし、洗濯バサミで跡が残らないように角を挟み、乾かした。写真洗浄の体験で最も私の心に響いたのは、「写真は、身一つで逃げてきた人にとって、唯一の財産」という言葉だ。写真は、過去のさまざまな思い出をよみがえらせてくれる。もしそれが、亡くなった人との思い出であるならば、さらに掛け替えのない宝物となる。写真洗浄によって被災者の方に思い出という財産を復活させるすばらしさを学んだ。

　2日目は、バスに乗り、ガイドさんの説明のもと、大船渡から陸前高田を回った。道中、プレハブ小屋が数多くあった。それは、長期作業の方が1~2年間住み込みで働くためのものだ。

昭和35年のチリ地震では、三陸海岸が大被害を受けた。その対策で、世界初の津波防波堤が造られた。しかし、東日本大震災により、壊れてしまった。そして、現在新たに横2キロメートル、高さ12・5メートル、幅50メートルの防波堤が造られることが震災直後に決められた。現在、海底を深く掘っている。震災直後は皆、今を生きることで精一杯で十分に話し合いができなかった。そのため、反対者が多くいるという。そのような巨大なコンクリートの壁を造れば、景観が悪くなるだけではなく、雨が土に蓄えられ、少しずつ海へと流れ、豊富なプランクトンを作り出し、良質な漁場となっていたこの地域の生態系が破壊されてしまう。防波堤を造ることでもうかるのは国だ。防波堤を造るために1兆円のお金が動けば、与党へと利益が返ってくる。また、国として何かやった、というアリバイ作りでもある。国には、自らの利益ではなく、国民のより良い生活を考えてほしい。さらに、昨年の5月に枯れてしまった〝奇跡の一本松〟の遺伝子を持つ苗を見た。大きく育ち、杉林となって人々に生きる希望と勇気を与えてくれるだろう。私たちは、追悼施設で、津波で亡くなられた方々に思いを寄せ、手を合わせた。被災地でガイドさんの説明を聞き、震災によって亡くなられた方々や、残された方々の気持ちを思いながら、津波の怖さや現在の問題、津波発生時の正しい知識を語り継ぐ大切さを学ばせてもらった。

被災者の気持ちに寄り添うこと

3日目は、宮古の仮設住宅で再び、ひっつみ汁作りを行った。宮古は大船渡よりも瓦礫や家の土台の跡が多くあった。ひっつみ汁を皆さん「こんなにおいしいものは久しぶりだ」と食べていた。そして、1日目の反省を生かし、仮設住宅の方々の様子をよくうかがいながら気分を害さないように、今の生活のことなどを伺った。週に何度か生協が来てそこで食べ物を購入するが、あまり品ぞろえはよくないこと、小・中学校が自転車で15分かかること、冬は寒いがもう2年生活しているため慣れてしまったことを、私たちの前では笑って話してくださった。また、私たちのような大学生のボランティアが来ることは、「若い人たちの力をもらえてうれしい、また来てほしい」と言っていただけて安心した。1日目の仮設住宅では、仮設を離れることに不安を感じている方もいたが、こちらでは、一軒家で家族と暮らして、プライバシーが守られた生活をしたいという方もいらっしゃった。2か所の仮設住宅にお邪魔して、地域で復興と生活に格差があることや、住人同士の関係性の違いもあると知った。

オリンピックが2020年に東京で開催される。今回のボランティアに参加する前、私は単純に日本の経済がよくなり、国も活気付くと喜んだ。しかし、被災地で働くはずだった建設業者などを東京へと奪ってしまい、被災地が後回しにされ、復興が遅れるという悪影響に気付かされた。また、実際に被災者の方々と触れ合ったことで、どこか遠くの出来事に感じていた震災の事実を受け止められ、被災者の方々の気持ちに寄り添える人になれたと思う。ガンジーの言葉のように今回のこの経験が自分の財産となったはずだ。また、私たちが学んだことを伝え、物として残すことによって誰かを助けるという財産ともなるのだ。

“奇跡の一本松”の子どもたち。大きく成長し、この地を見守ってほしい

目で見た被災地

経営学部
ホスピタリティ・マネジメント学科　3年
石田万由子

チャンスの到来

今回の東日本大震災スタディーツアーについて知ったのは、ゼミの授業で配られたチラシだった。私は見た瞬間に、参加することを決意した。以前から東北のボランティアに行きたいと考えていて、またとないチャンスだと思ったからだ。震災が起こってから約2年半が経ち、被災地から程遠い場所に住んでいる人たちは、今ではあの日のことが、まるで夢のように思えているかもしれない。私もその一人だった。だが、今でも被災地では多くの人がいまだあの日の中を生きている。あの日のことを忘れてはいけない、目を背けてはいけない、知らなければならないと、私は思った。

学校で行われた事前研修に参加した際、3・11に起こった実際の津波の映像を見た。走って逃げる人、大声で叫ぶ人、助けを求める人。あの日から数日の間、ニュースで頻繁に目にしていて、映像から感じた恐怖感が、一気によみがえった。私たちはこれから、このようなことが、2年前に実際に起こった場所に行くのだと、気が引き締まった。

温かな気持ち

ボランティア1日目。ボランティア班、写真洗浄班、仮設住宅訪問班の3グループに分かれて行った。私はボランティア班で、歩道の花壇や、空き地に生えている雑草を抜く作業を行った。手袋をして、スコップや鎌を持ち、みんなで必死に作業をしていると、道行く現地の人が立ち止まって、「お疲れ様」「ありがとうね」と言葉をかけてくれる。私はこれが人生で初めてのボランティア活動だったが、言葉では言い表せない、温かい気持ちが心に溢れた。こんなにやりがいを感じたことは、今までになかった。作業を行った場所は、壊れたような建物もなく、道もきれいだったので、その場所は津波の被害を受けなかったように見えた。だが実際に、現地の方のお話を聞くと、この場所まで津波は来ていた。今ではなんともないように見えるこの場所でも、あの日、映像で見たようなことが起こったのだ。

作業終了後、3つの班の活動報告が行われた。その中で特に印象に残っているのが、写真洗浄班の話だった。「写真は、身一つで津波から逃げてきた人に、残してあげられる唯一の財産」。写真洗浄のプロの方がおっしゃっていたそうだ。その話を聞いて、写真一枚一枚がとても特別なものに思え、より一層気持ちを込めて写真洗浄を行ったと、作業を行った学生の一人が言っていた。洗浄された写真は、ボードに張られたり、ファイルに保存され、持ち主が現れたら渡せるようになっていた。また現在では、学校に直接写真を持っていき、子どもや親たちに見てもらい、写真を返却することも行っているそうだ。私も何枚か張られている写真を見たが、所々白くなり、写真の一部が消えているものが多かったが、とてもきれいに洗浄されていて、汚れは何一つ見当たらなかった。とても古い昔の写真から、最近撮られたような、赤ちゃんの写真まで、さまざまなものがあった。私には何も関係ない写真だが、どこかとても愛おしく感じた。

ボランティア2日目は、午前中は男女に分かれて活動をし、午後は全員で被災地現状視察に行った。女子は最終日に使う食材の買い出しに行き、男子は震災後まだ手を付けられていない民家の掃除を行った。そして被災地現状視察。現地の人のガイドを聞きながらバスで移動した。

正直に言うと、この現状視察を行うまで、あまり被災地に来たという実感がなかった。しかし、通り過ぎていくいくつもの建物が、何かにえぐり取られたかのように壊れ、雑草だけが生えた平地が増えていくにつれ、言葉を失った。そして道の駅高田松原という津波の被害をひどく受けた建物で降り、近くに行って見学した。テレビのニュースで幾度となく見たことのある風景が、私の目の前にあった。映像ではなく、触れられる距離で。衝撃的だった。映像で見るのと実際に見るとでは、あまりに差が大き過ぎた。津波の恐怖を肌で感じたのだ。近くには東日本大震災の慰霊碑も作られており、千羽鶴やお花が供えられていた。この道の駅は被災後そのままの状態で保存されるそうだ。市民にとっては見ると津波の恐怖を思い出すため、反対の声もあるらしい。

ガイドさんのお話で、興味深い話が2つある。堤防の設置と、東京オリンピックのことだ。国が、市民の反対の声が多くあるにも関わらず、街から海が見えなくなるほどの高さの堤防を造ろうとしているのだ。震災が起こった直後、役所の人が慌ただしいときに考える暇なくこれを承諾してしまったそうだ。この問題について、2日目の夜のミーティングの際、全員で話し合った。これはただ市民を守るために造ろうとしているのではなく、政府の利益を目的としているのだろうという見解に至った。

もうひとつは、東京オリンピックが決まったことで、東日本大震災のことが忘れられてしまうのではないか、復興が遅れるのではないかなどの、被災地の人の不安の声が多くあるそうだ。

3日目は、3グループに分かれて、宮古市の仮設住宅を訪問し、ひっつみ汁を作って、被災者の方にお話を伺った。私たちがひっつみ汁を作るのに苦戦していると、おばあちゃんたちが手伝ってくださり、子どもたちとも一緒に作った。そしてお話を聞こうとすると、一人のおばあちゃんに、「宮古の被災状況は見たの？　見てないのに話だけ聞いてどうするの！」と、怒られてしまった。私たちは大船渡の現状視察は行ったが、宮古は仮設住宅訪問しかしていなかったからだ。現状を見ずに、話だけ伺うことは、被災者の方にとってとても失礼なことだということをこの時学んだ。しかしこの時は特別お話をしていただけた。その中で、東京オリンピックについてどう思っているのかを伺ってみると、やはり喜んでおらず、忘れられそうで怖いとおっしゃっていた。東京オリンピックが原因で、被災地の復興が遅れるという事態だけは、必ず避けなければならないと思った。そして別れ際、おばあちゃんたちと握手した。その時「来てくれてありがとうねえ、また来てねえ」と言われて、私はこの人たちのためにできることは

道の駅の中には津波で倒された松の木が奇跡的に一本全身入っている。この駅はこの状態で保存される

何でもしようと思った。

自分の目で見る

今回の研修ツアーを通して、自分の足で現地に行って、自分の目で見て耳で聞いて知ることの大切さを学んだ。この大震災で亡くなった多くの方たちに私たちができることは、同じ過ちを繰り返さないことだ。一人でも多くの人がこの東日本大震災の悲惨さを知り、学び、後世に伝えていくことが大変重要である。私もまず身の回りにいる家族や友人たちに、今回のツアーで学んだことを伝えていきたい。

1センチでも上へ

経営学部
ホスピタリティ・マネジメント学科　3年
吉尾有理沙

2度目の決意

私が被災地で活動するボランティアに参加したのは、今回が2度目である。一度目は約2年半前の2011年6月だ。あの震災から3カ月しか経っていなかったこともあり、とにかく人手を必要としている状況であった。津波の被害を受けた住宅や建物が生々しくそのまま残っており、私は言葉を失ったのを覚えている。今回2度目のボランティア活動に参加するにあたって、前回の報告書を読み返した。するとさまざまな記憶がよみがえる。計画停電が行われ、バラエティ番組等は自粛をしていた。日本国民全員が被災地のことを思ってなんらかの行動を起こしていたのではないか。しかし、報告書を読むまでそれらの記憶はすっかり私の頭の中から抜けていたように思う。また当時震災から3カ月しか経っていなかったのにも関わらず、ニュースや新聞で取り上げられる機会が減り、震災への意識が薄まっていたという文章が多く見られた。どんなに被災地の方々が苦しんでいても、その状況を知って理解していなければ、人々の意識は薄まってしまうのだと感じる。被災地に行って現在の状況を知るということが、どれだけ大切なことかを再認識し2度目の参加を決意した。

時の流れと新たな葛藤

大船渡、宮古。陸前高田の町は前回見た景色とは違い、何もないという印象であった。それは被害を受けた家や、がれき等がある程度片付けられたからである。震災から2年半以上経ってやっと復興へのスタート地点に立ったのだなと感じた。場所にもよるが、コンビニやスーパーは何軒もあり、あまり被災地という感じがしない。しかし、今きれいに何もない土地の震災前の写真を見せていただき、私は鳥肌がたった。更地になっているところは町の中心地で、建物がたくさん立ち並んでいたのだ。改めて津波の恐ろしさを感じる。津波は容赦なく人の命や、町を奪ってしまう。今もなお仮設住宅で暮らさざるを得ない方はたくさんいる。そんな方々の新たな住居を建てる場所は決まっているのだが、さまざまな理由があり、なかなかスムーズに進んでいないようだ。陸前高田では縄文時代の遺跡が出てきたために工事が進まず、住居が完成するのは5年後だと言う。被災地の方々は震災直後の苦しみや悲しみを耐え抜いてきた。段々と普通の生活を送ることができるようになってきているとは思うが、まだまだ復興には程遠い。陸前高田には、白砂青松の高田松原という誇り高い象徴があった。その約7万本もの松も津波によって、一本を除き流されてしまったのである。地元の方々にとって地元の宝物とも言える松原を失ってしまった傷は大きいだろう。それにも関わらず、そこに高さ12・5メートルもの防波堤を、2キロにわたって造るという計画が国によって決められた。反対意見は多く、コンクリートの防波堤を造ることにより、今までの生態系が崩れてしまう等の心配がある。地元の方々は津波によって命や家を失い、さらには国の決断によって愛する地元の自然環境をも失ってしまう。これに関してはさまざまな意見があるとは思うが、私は被災された方々の心の傷をこれ以上深くしてほしくないと強く感じた。

また東京オリンピック開催が決まったことによる、被災者の複雑な気持ちも知ることができた。現在被災地で作業をしている土木業者が、東京に持って行かれてしまい、被災地が忘れ去られてしまうのではないかという不安があるのだと言う。東京オリンピック開催決定により、日本が盛り上がっていく中で、被災地の方がいまだ苦しみ続けている事実を私たちは忘れてはいけない。

私たちができること

震災と津波による苦しみや悲しみは、大切な命を失うことや家を失うことにとどまらない。その後復興していく中でもさまざまな苦悩があり、被災者を苦しめ続けると感じた。本当に震災と津波は恐ろしいものだと改めて思う。そして被災した方々にしかわからない辛さがたくさんあるだろう。しかし天災は止めることができない。これから先にも同じようなことが起きるかもしれない。その時には今回の震災によって学んだことを生かすために、現在の状況や被災者の心境を多くの人に知ってもらうべきであると感じた。逆に過去の常識のせいで命を落とした方もいる。今までは大丈夫だったから、今回も大丈夫という油断は絶対にしてはいけないのだ。被災者とのお話の中で、「津波が来たらとにかく高台へ逃げなさい。1センチでも上へ逃げなさい。わずかな差で命を落とすのよ」という会話が私の心に刻まれている。その方が経験した津波の残酷さを感じ、さらに津波から逃げ遅れて命を落とす人をもう出したくないという気持ちを感じた。

今はボランティアといっても、力仕事が必要とされることはもう少ない。より精神的なボランティアが必要とされている。心に大きな傷を負った被災地の方と交流をすることは、難しいことではあるが、起きたことや現状を知ろうという意識を持って被災地へ行くことには大きな意味があるのではないか。今すぐに私たちができることは、自分が感じた被災地の状況や被災者との交流の中で知った事実を、多くの人に伝えることだと思う。そしてこの経験と記憶を心に持ち続けることだ。

津波に負けず生き抜き、希望を与えてくれる奇跡の一本松

忘れてはいけないこと

経営学部
ホスピタリティ・マネジメント学科　3年
筑摩耀平

前回から今回まで

再びボランティアへ…私は、2年前の震災ボランティアを終えて、報告書でそのように宣言した。そして、震災から1年経った去年は、自分の自転車で北海道へ向かう途中、国道45号を仙台から青森まで6日かけて走った。その中で、1年次で訪れた気仙沼以北の被災地を見ることができた。自力で走ることで、その広大な規模で津波の被害があったことを、より一層感じた。そして、その時復興に携わっている方々の活動を見たり、実際話をしたりしていると、去年ボランティアをすると宣言した自分を思い出した。そして、現地まで来ているのにボランティアができなかったことに歯がゆさがあった。そのような経験があって口先だけの人間になってはいけないと思い、今回2年生の企画した被災地ボランティア・研修ツアーに参加したいと思った。

2年8カ月経った現状

まず、最初に訪れた場所は岩手県大船渡市。ここは、大津波によって市の中心部が壊滅したため、よくニュースにも取り上げられていた町だ。現在、津波の生々しい被害を感じることは、ここ大船渡ではない。復興は日ごとに進んでいるので町の中心部も建物があったりする。だが、これらの建物は仮設で一時的にお店として営業しているのがほとんど。去年訪れたが、今回も行く機会があった。1店舗5坪という正直狭い空間だが、逆にこの狭さこそがお店の温かさや、人との強いつながりをつくってくれるのではと感じる。しかし、この屋台村は地盤のかさ上げを行うため、来年12月で閉鎖されることが決まっているらしい。仮設はいずれ終わりが来るものだが、震災があったからこその仮設屋台村は、復興のシンボルがなくなる感じで寂しい。

そして、ボランティアで行ったことは、公道沿いの花壇や私有地の駐車場での雑草除去、松崎町の紀室さん宅にて津波に漬かった物置小屋の物品処分。いまだに肉体労働が必要な場面があることでボランティアの必要性を改めて感じた。そして、大人10人が取り組んでも、震災の規模と比べたら微々たるものだということだ。物品処分は物置小屋にあるものをゴミ車に入れる作業だったが、その一つ一つの物を大事に保管していた紀室さん宅の先代に申し訳ない気持ちでいっぱいだった。新品同然の衣類は無数にあったので、費用はかかるかもしれないが、貧しい国々に寄付することだって可能だったはず。そのほかにも、洗剤類を川にそのまま流したりしたので、ボランティアする人たちも環境を考えて作業しなければいけなかったはず。このように、ボランティアを行いながら、紀室さん宅の思い出、リサイクル、環境について学べた。

２日目、紀室さんの物置小屋から出てきた廃棄物

ボランティアを終えた後は、陸前高田へ被災地ツアーに行った。ここは、大船渡とは違い、町全体が壊滅して、市の世帯中7割が全壊するという被害が出た。ガイドさんに被災地の昔と現在の写真を比べながら解説していただき、個人で来るより数段、津波の影響を感じた。高田松原の一本松は、去年訪れたときと見た目は変わらなかったが、今年枯れて剝製になったらしく、年月が経ったことを感じた。これからも後世に伝えるシンボルとして残ってほしい。

今後

今回のツアーで一番印象に残ったことがある。被災前まで陸前高田のシンボルであった高田松原は、津波の力で一瞬にして姿を消した。ガイドさん曰く、高田松原の今後は、地元民の考えをおさえて政府が、高田松原跡の海岸と高田湾内、2か所に10メートル以上の防波堤を建設しているのだという。私は、市民の声が届いていない政治活動というものが、現実にあることを初めて感じた。人工の物では、自然に勝らないことを、今回で感じさせられたのに、なぜ、改めて大金をかけて造るのかを疑問に思う。沿岸の町は、津波と向き合いながらの街づくりが重要だと感じた。私たち若者が、しっかり安全とはどのようなものか考えないと、今後も犠牲者を多く出す羽目になるだろう。

共存を目指して

経営学部
ホスピタリティ・マネジメント学科　3年
島崎愛子

初めての視察

私にとって被災地を訪れるのも東北を訪れるのも今回が初めてだった。そのうえ震災・津波の被害に遭ってから、東京で手に入る情報のすべては新聞かテレビである。またごく一部で実際に現地に行った人の話を聞くくらいだった。正直なところ、何かしたい・力になりたいと思い続けるも、自分に何ができるか見当もつかなければ何もできないとずっと思っていた。おそらくそれは間違いではない。現にボランティアという力はほとんど必要ないのだという話も聞いた。そして自分たちが今回携わったことは復興に向けての見えないくらいほんのわずかなことでしかないこともわかった。しかし、それらの大きさの問題ではなく、被災地とその現状を見て知るだけでも意味があるのだと感じた。それも自分の目で、生で見ることに意味がある。決して心が晴れるようなものではなく、むしろ痛むほどであったが、現地を視察できてよかったと心から思える。今までに知りえなかったものを知り、自分なりにさまざまなことを考えた。現地での光景については、一見きれいに片付けられているように見えた。以前新聞やテレビで見かけていた光景とははるかに異なっていたからだ。しかしそのように見えたのはおそらくただ瓦礫が撤去されているだけであり、次の段階には至っていなかった。それでもそこに残されているものが残酷さを物語っていた。一言で言えば、信じられない。ただそう思うばかりである。1階または2階にまでも津波が襲ってきたとわかるような建物跡、野球場のライト、もともとが何のどの一部であるかが全くわからないコンクリートの塊。自分が今まで媒体を通して見てきたものはまるで意味がなかったといえるほどの衝撃だった。ここで初めて現地で、自分の目で見ることの大切さを知った。この大切さを知ったのは遅かったかもしれない。だから今からでもいい、まだ自分の目で見ていない人がいるなら、見てほしい。

被災した方を目の前にして

今回、ボランティア活動として私は写真洗浄と仮設住宅での交流をさせていただいた。

写真洗浄では、はじめ泥の中から取り出して写真そのものの画像をよみがえらせるというものだと思っていたが、全く異なる作業だった。写真を洗浄する際、写真や紙にもいくつか種類があり、洗浄の仕方も変わってくるということを学んだ。さらには、一見汚れが見当たらない写真でも紙の細部に我々の目では確認できないほどの汚れやカビが存在することもわかった。目では確認できないような砂などを手で感じることができた。ゴム手袋を着用するのは写真を傷つけないようにするためだけではなく、洗浄する我々の手にもカビが移らないよう予防するものであったことには驚いている。

また仮設住宅での交流では郷土料理である「ひっつみ」を地元の方々と一緒に作って食べた。退居時期が決まっているこの仮設住宅には集会所も設けられており、そこには子どもの本やおもちゃからお年寄りの方々が使う裁縫道具などまで置いてあり、その集会所で生活ができるくらい最低限度の道具はそろっている。我々が来ていることを歓迎しているかのような明るい笑顔で接してくださった。しかし被災した話を聞くに聞けない。それはそこにいた誰もが思っていたことだと思う。話のきっかけを見つけても、それまで笑顔だった表情がやや曇っていく。心が苦しくなった。もちろん、被災した方々の苦しみや痛みを完全に理解することはできないが、垣間見ることができた。別れ際、握手をした中高年の女性が目に涙を浮かべて「親を今大事にしてください」と私に言葉をかけ、「ありがとう」と数回つぶやいた。その数秒間で私は抑えきれない感情に襲われ、言葉を添えることさえできずにただただ彼女の言葉にうなずくしかできなかった。一方で、地域によっては被害の形や大きさが異なるから、それらをきちんと見てきてほしい、被災した話をするにも現状をまずは見てからだという意見もあった。我々は仮設住宅の方々の被災した現場を見ていなかったため、異論は全くなく申し訳ない気持ちになった。

高い壁

今までの津波で逃げ切れていた場所ものまれてしまったなど、今回の被害は過去から得た基準をはるかに超えてしまった。ゆえに今回を教訓に新たな都市計画が進められているという話も聞いた。特に印象に残ることは陸前高田の防波堤の建設だ。高さ12・5メートル×幅50メートル×長さ2キロメートルもの防波堤を造っても、住民全員の命が必ずしも守れる保障はない。それに防波堤の影響で被害が拡大した例もあり、景観も何もなくなってしまう。海が見えない恐怖を味わいながら過ごさなくてはならない。防波堤建設に反対する住民がいながらも、建設するメリットはどこにあるのか。どんなものを造っても自然の力は計り知れないものである。

日本に住む同じ国民としてこれから被災地に何ができるか、どう関わっていくのか。防ぐことのできない自然災害とこれからどう関わっていくのか。自然を守りつつ、こ

以前は町があった場所に、野球場のライトが置かれている（大船渡市）

れからどう人工的に手を付けていくのか。決して一人では出し切れない疑問を抱いたまま、「これからの共存」について考えたすえ、今私にできることは今回の体験を通して感じたことと現状を周囲に伝えていくことだ。そして一人でも多くの人に知ってもらい、見てもらいたい。

現地に行き感じること

経営学部
経営学科　3年
須崎優

現地に行き感じる

11月7日から10日まで、岩手県大船渡市でボランティア活動を行ってきた。行くまでの私は、震災からもう2年半も経ちメディアなどで放送されなくなっていたので、もう少し復興しているのだと思っていた。しかし、現地について目の当たりにした光景は復興したとはとても言えない状態であった。瓦礫の片付けは済んでいたものの、一面は荒地で、本当に何もない状態であった。町には、中学校の校庭や野球場などに仮設住宅などが建っており、いまだに家がなく仮設住宅で暮らさなくてはならない人がたくさんいた。

ボランティア活動を通して感じたこと

ボランティア初日に、私はサロン活動で大船渡市の仮設住宅に入った。活動内容は、郷土料理のひっつみ汁を仮設住宅に入っている人々と一緒に作ることであった。私たちが、主体的に料理を作り召し上がってもらうものと思っていたのだが、実際は現地の人に作ってもらったという形になった。そして、何もできなかった私たちを、最後は外に出てまでお見送りをしてもらい、自分たちが被災をした方々に元気を与えたのではなく、逆に私たちが元気をもらったという形になってしまった。

帰りの車中で、岩手県社会協力事業団の方々にお話を聞いたことの中で、「ここは、地盤沈下もしており、いまだに海水の漬っているところもある」などびっくりするようなことがあった。一番悲しかったのは、津波の被害に遭った場所を見ながら「こんなところでは普通の生活すらできないよ」と言っていたことだ。災害に遭う前のような生活に戻すにはまだまだ人々の手が足りていないように感じた。私たちの普通の生活が、いかに幸せかを考えさせられた。

陸前高田の道の駅。周りは、いまだに何もない状態である

2日目は、震災から現在まで手を付けていない住宅の倉庫の片付けを行った。そこの倉庫はあまり大きくはないように感じた。しかし、半日ずっと活動を行ったものの片付けを終わらせることはできなかった。私たち12人とほかの方3人の15人で活動をしたが終わらせられなかったことに、今回私たちがしていることは、非常に微力なことだとわかったが、私たちの微力な少しずつの力が、少しでも現地の人に寄り添えればうれしい。そこで知り合った住宅の叔母さんが、休憩時間に大根の漬物とかぼちゃの煮物を出してくださった。そこで「ボランティアしてくれたから、これが私からのせめてものボランティアだよ」という言葉に非常にうれしい思いを感じた。ここでも、私たちが倉庫を片付けることによって少しでも役に立ちたいと思っていたが、私たちが感謝されて立場が逆のように感じた。私たちは、倉庫の片付けはほんの少しで、終わらなかったのに、最後に「ありがとう」と言われ、少しの役にしか立てていないことを感じた。

自分の中で強く思ったこと

今回のボランティアに行き、一番強く思ったことは、自分たちが今やっていることは、少しの力にしかならないが誰かがやらなければいけないということだ。実際に、これを一人で片付けるには、何日かけても終わらせることはできない。しかし、私たちがボランティアを行ったことによって、少しでも早く片付けられ、そして以前のような生活をしてほしいと思う。

陸前高田の方でも、今は瓦礫を片付けられただけのように感じた。津波の被害に遭ったあたり一面は、本当に何も残っておらず草だけが生えた状態であった。唯一、工事を行っていたのは、防波堤を造る工事だった。しかし、住民たちは、巨大な防波堤をいきなり造られ、一気に海の見えない生活になることに対しての不安があり、政府に反対していたがこの工事だけは進められていた。本当に被災者のことを考えたら、住民の意見を尊重しほかにやることがあるように感じ疑問に思った。

ツアーの途中に、前の陸前高田の風景の写真を見させてもらい以前と今でのあまりの変わりようにとても心が痛んだ。そして、東北の人々はこの東日本大震災のことを忘れてはならないこと、後世に伝えていかなければならないことだと言っていた。私は、ボランティアに行き以前と変わらないように復興してもらえればそれが幸せと感じていた。しかし、地元の人々は、この地震・津波を決して忘れてはいけない、後世に伝えていき、二度と同じ被害を受けてはいけないと語っていた。私たちにも、その思いに寄り添い後世に伝えていくことは被災地に行かずともできるので、ボランティアから帰ってきた今、家族や友人たちに、自然災害での津波の怖さを伝えていきたい。そして、いまだに復興したとはいえない状況なので、私自身そしてほかの人たちを誘ってこれからもボランティアを続けていきたいと思う。

今を知る

経営学部
経営学科　3年

山崎雄太

東北へ行こう

東日本大震災が起きてから2年半以上経った。地震があったことを忘れた人はいないと思うが、被災地に住む人々のことを忘れかけている人はいることだろう。自分自身もうだいぶ時間が経っているし、復興も進んでいるだろうと思っていた。そんな中、ゼミの先生から他学科でボランティアに行くから行ってみないかと誘いがあった。誘いがあったとき、今の東北を知ることのできるいいチャンスが来たと思い、行くことを決めた。

知っていたものとは違う現実

夜行バスで8時間ほどかけて岩手県大船渡市へ向かった。大船渡ではそれなりに復興も進んでできているようで、正直、安心した面もあった。次の日に陸前高田市を見るまでは。大船渡についた初日は、3つの班に分かれ行動した。私の班の担当は、大船渡の花壇や空き地の雑草抜きだった。雑草を抜いているときに通りかかる方々に「ありがとう」や「ご苦労様です」と声をかけてもらった。中には当時ここまで津波が押し寄せてきたんだと教えてくれた人もいた。確かにそこは海から1キロくらいしか離れていなかったが、上り坂になっていたので、初めは信じられなかった。しかも、話によるとその坂の上まで波が来たというのだから、津波の威力の強さに驚きを隠せなかった。

次の日の午前中は、まだ津波にのみこまれてから整理ができていないという倉庫の片付けを手伝った。こんなにも時間が経っているのにまだ整理が終わっていない家庭があったのだと知り、復興の遅れを少し感じた瞬間でもあった。それほど大きくはない倉庫であったが、思った以上の荷物の多さと、津波で水がたまったものもあったので午前中いっぱいを使った。そして、午後はバスに乗って陸前高田市を見に行くことになっていた。大船渡を出発していくつかの場所に寄り、陸前高田に向かった。途中、山の上の展望台に行き、大船渡を見ながら、当時の津波の話をバスガイドさんが話してくれた。土地が低い半島では両脇から津波が押し寄せてきて、半島の高い部分のみが顔を出し、まるで島になってしまったかのようだったという。また、津波同士がぶつかったときにはものすごいうなり声と30メートルにも及ぶ高さの波しぶきが上がったらしかった。あまりにもスケールが大き過ぎる話だったので、私はただただ話を聞くことしかできなかった。

陸前高田についた私は、本当に自分の目を疑った。津波の恐ろしさを目の当たりにし、声も出すことなく、ひたすらにバスから見る風景を眺めているだけだった。陸前高田市の町は一言でたとえるなら草原のような風景が広がっていた。震災からある程度の時間も過ぎていて、瓦礫が撤去されていたせいもあると思うが、本当に何にもなかった。最初は、もしかしたら岩手の田舎だし、そんなに建物もなかったんじゃないか、などと思ったりもしていたが、バスガイドさんに震災以前の航空写真や地上から撮った写真を見せられ、そこにはちゃんと栄えていた町があり、確かに流されたんだということがわかった。陸前高田の駅があった場所の前に行き、以前の景色と今の景色を見比べた。本当なら、目の前にはにぎやかなお店や信号機が見えるはずなのに、奥にたたずむ山の麓さえ見えてしまっていた。被災地ツアーは続く。次に「奇跡の一本松」の見えるところまでバスを近づけてくれた。「奇跡の一本松」はもともと2万本あり「高田松原（たかだのまつばら）」と呼ばれていて、陸前高田市のシンボルであり誇りであった。しかし、津波によってほぼすべて流されてしまった。たった一本残ったのがこの「奇跡の一本松」で、陸前高田の人々にとってこの一本はまさに希望だった。「奇跡の一本松」までは、バスから降りて少し歩かないといけない。しかし、決して目の前までは歩いて行かなかった。それは、今もなお東北では地震が続いていて、毎日気付かないくらいの地震でも頻繁に起きている。だから、バスガイドさんは、もしものことがあるので、自分のツアーでは見えるところには連れて行っても、目の前までは行かせないそうだ。やはり、バスガイドさんも現地の人であり、被災者の一人であるだけにいろいろな思いがあるのだろうと思った。ほかにもいろいろな話を聞いた。前にチリ地震があって、日本にも津波が来て被害を受けた。その時に被害を受けた人はまだ生きていて、前にはここまで来なかったから今回も平気だろうと逃げずに死んでしまった人がいたこと。防波堤がたてられたことで油断していて死んでしまった人がいたこと。逃げてはいたが途中で忘れ物を取りに戻ろうとするお年寄りを、みんなで止めたが、チリ地震の時には津波警報から津波が来るまで時間があったからと、みんなを振り切り戻ってしまいそのまま帰ってこなかった人がいたこと。川の上流に住んでいたので自分たちには津波は関係ないと思っていたので、高いところへは逃げなかった人が川を上ってきた津波により流されて死んでしまったこと。ここであったたくさんの真実を聞き、帰りのバスでは気分がとても重くなったのを感じた。大船渡では見ていなかった光景であったし、津波の被害の大きさは知っていたつもりだったが、本当に〝つもり〟でしかなかったのだと痛感させられた。

最終日、朝6時に大船渡市を出発し、岩手の東北にある宮古市へ2時間かけて向かった。この日は宮古市にある津軽石の仮設住宅の集会所をお借りして、被災者の皆さんとひっつみ汁を作って食べながら、被災したときのお話を聞いた。ひっつみ汁を楽しく作った後、いよいよ震災についてのお話を伺おうとしたときだった。一人の年配のお母さんが、私たちに言った。「君たちは宮古の被災状況を見たの」。私たちは戸惑った。確かに陸前高田市の被災地は見たものの、時間が限られていたので宮古市までは見きれていなかった。お母さんは少し怒り気味に「被災者にまず、話を聞く前に被災地を見ておくべきじゃない」。正論過ぎて誰も言葉が出なかった。たぶんこの時に誰もが反省していたんじゃないかと思う。その後は、それでも来てくれたからとしっかり話をしてくれたし、楽しくひっつみ汁を食べることができた。時間もなかったので写真をみんなで撮ってお礼とお別れを言いプレハブ小屋を後にした。別れ際、何人かが、涙目になりながら、「ありがとう、君たちのおかげで元気が出た」と言ってくれた。とても温かい言葉にこちらも熱くなってしまい、思わず泣きそうになった。そのくらいうれしい言葉だったし、また来たいと思った。

伝えたいこと

この3日間で、同じ日本ではありながら不便で苦しい生活を送っている人たちがいることを知った。東京にいて、テレビの画面を見ているだけでは、到底わからないことだらけだったし、今の現実を知るいい経験になった。東京でオリンピックが決まりお祭りムードになりつつあるが、その一方、そのことにより今まで東北で工事をしていた人々が、東京に行ってしまうんじゃないかと不安になっている人が東北にはたくさんいる。国は国の利益などを守っていかないといけないというのはわかるが、もう少し現地の人の話に耳を傾けて、世界を見ている目も今一度、国内に向けてほしいなぁと感じさせられた3日間でもあった。

最後にバスガイドさんが今ある事実を後世に伝えていかなければいけないといっていたけど、それは、東北にいる人だけじゃなく、東北に行った人にもできることなので、私自身もできる限り今回の体験談を話していきたいと思った。また、このボランティアを企画してくれた方々や、このボランティアで出会えたすべての人に感謝し、この先の自分の人生につなげていきたいと思った。

陸前高田にある道の駅。海の目の前にあるが、流されることはなかった

震災から2年8カ月

経営学部
経営学科　3年
長谷川正人

なぜ今ボランティアに行ったのか

２０１１年３月11日に宮城県沖を震源地としたマグニチュード９・０の東日本大震災が起こった。当時、高校３年生だった私は、卒業式を終え友人たちと高校生活最後の打ち上げに行く予定だった。その矢先に起きたこの大地震を忘れることはないと、その時は思っていた。しかし、震災当初は毎日のように報道されていた自衛隊の活動や、ボランティアの方々の活動が日を追うごとに報道されなくなり、私の記憶からも東日本大震災という出来事が薄れていき、私自身何もしないまま震災から2年8カ月が経っていた。

そんな時、ゼミの先生から、ほかのゼミが被災地にボランティア活動をしに行くという情報を聞き、私も被災地の現状を自分の目で見たいという気持ちが溢れ、今回参加するに至った。

活動内容報告

私は、2泊4日で大船渡市と宮古市にボランティア活動に行かせていただき、ガイドの方の案内で陸前高田市を見学した。

スケジュールは、1日目夜・東京を出発→2日目朝・大船渡市到着、写真洗浄作業→3日目午前・民家の清掃、午後・陸前高田市の見学→4日目午前・宮古市の仮設住宅の方と交流、午後・宮古市出発、夜・東京到着という流れだった。

今回の活動報告では、特に印象に残った写真洗浄活動についてまとめたいと思う。

写真洗浄の活動では、一家族の何年分もの写真を一枚一枚丁寧に洗浄した。写真洗浄と聞いて、泥まみれで何が写っているかもわからないような写真を洗浄すると思っていたが、そのような写真ではなく、多少砂がついたような比較的状態の良い写真だった。担当してくださった方にお話を聞くと、震災から時間が経ち、泥まみれの状態の写真は既に洗浄が終わっていて、今は状態の良い写真を洗浄することや、返却する作業を主に行っているということだった。

写真洗浄の工程は、写真を水に漬け指で写真の表→横→裏と順番に洗浄していき、次に水に漬けすすぎ、吸水性の高いタオルで水分を拭き取り、最後に写真の向きをそろえて洗濯バサミに吊し乾燥させるというものだった。

写真洗浄での注意点は、写真によって洗い方が違うという点だ。普段、私たちに馴染みのある写真屋さんで印刷するような写真は、RC写真というもので、この写真は今回のように水に漬けて洗浄することができる。しかし、インスタントカメラで撮ったようなインクの袋がある写真や、家庭のプリンターで印刷したような紙の写真は、上記で説明した工程では洗浄できない。今回の写真洗浄では、RC写真がほとんどだったため心配なかったが、今後再び写真洗浄のボランティアに参加する機会があれば、気を付けなければならない。

また、写真には多くの物質が付着しており、体に悪影響を及ぼすものもあるため、マスクや手袋を着用しなければならなかった。具体的な物質として、し尿やガソリン、重油、ハンドクリームなどのありとあらゆる油、プランクトンや埃などが挙げられる。写真洗浄の作業をするためには、写真そのものだけでなく、洗浄する人間にも気を使わなければならないということがわかった。

写真洗浄の様子。唯一残っている財産を返却するお手伝いをした

そして、写真洗浄の中で印象に残っていることは、大船渡市で行っている写真45万枚のうち、40万枚が持ち主に返却されているということだ。写真を返却する作業は、その地域で顔の広い方に写真を見せに行き、知っている人がいないか聞くという地道で手間のかかる作業だそうだ。そんな大変な作業をした上、9割近くの写真を返却していることを知り、今回私たちが洗浄した写真も持ち主に返るのではないかという期待が膨らみ、モチベーションにつながった。最後に、後片付けをして活動を終えた。

今回写真洗浄の活動を通して感じたことは、津波で家や家族をなくした人たちにとって、家族で写っている写真は掛け替えのない唯一の財産であるということだ。津波から避難するときには、体一つで逃げ出し、すべてを失ってしまった被災者の方にとって、写真は希望の光であると感じた。その大切な財産を返す作業に携わることができてよかった。

今回ボランティアに参加して

自分がボランティアに参加したところで、何もできないし役に立たないとずっと思っていた。それは、参加した今でも思うことであるし、紛れもない事実である。

しかし、今回初めてボランティア活動に参加して、自分の目で被災地の現状を見る大切さを知り、多くの経験を積むことができた。普段、新聞やテレビでは知ることができない被災者の方の温かさに触れ、交流できたことは、今回ボランティアに参加した意味があったのではないかと思う。

当初、被災地の現状を見ることと、被災者の方に少しでも勇気を与えることができればと思いボランティアに参加したが、逆に被災者の方に温かい言葉を掛けていただく機会が多く、私の思いは自己中心的なものだったと反省した。なかでも、差し入れをいただいた際に掛けていただいた「ボランティアの人へのボランティア」という言葉は、一生忘れられない大切な言葉となった。

今回のボランティア活動で、自分ができたこと、成果を上げたことはほんの少しで、大部分は自己満足で終わってしまったかもしれない。しかし、それでもボランティア活動をしなければ、復興までの道のりは程遠いということを感じた。

ようこそ、東北へ

経営学部
ホスピタリティ・マネジメント学科　4年
三谷広城

私が見た被災地

卒業論文の執筆に行き詰まった私はホスピタリティ・マネジメント学科研究室の扉を叩いていた。卒業論文のテーマは「東日本大震災における復興ツーリズムの提案と実践」についてだ。事情を話し終えた私に、先生は一言だけ「まずは現場を見てこい」。翌々日の夜にはバスに乗り、私は岩手県大船渡市を目指していた。伝えられたのは「ボランティア活動」と「被災地見学ツアー」ということだけ。1日、2日の準備だけで、被災地を訪れてもよいのかという不安がつのる。おかげで道中、あまり眠ることができなかった。早朝、気が付くとバスは高速道路を降りて市街地「だった」キレイな道路を走っていた。復興って何だ。そんな思いが込み上げてきた。建物や標識は全くなく、人影もない。あるのは津波によって破壊されたものだけ。それらを背景に真新しい道路が一本。そんな景色を見ていると不安はさらに高まり、自分には一体何ができるのかという疑問が浮かんできた。

大船渡市に到着すると、まず私は卒業論文のアンケート調査を行うために地ノ森応急仮設住宅を訪れた。

地ノ森応急仮設住宅は現在約72世帯が住んでおり、大船渡の中でも比較的年配の方が多く暮らす仮設住宅であった。住民の方とどんな気持ちで接してよいのかという不安でなかなか声をかけることができなかったが、玄関を叩くと「外は寒いから中にでも入れえ」と言っておいしいリンゴとコーヒー一杯で、優しく迎え入れてくれた。さらに、おばあちゃんは東日本大震災当日の様子を語ってくれた。２０１１年3月11日震度6弱という大きな揺れが襲った街に今度は津波警報が鳴り響いた。住民は高台に避難したものの、家に残してきた思い出の品物を取ってくると言って戻ってしまった者もいたそうだ。しかし、それは一瞬の出来事だった。背中から聞こえてきたゴオオという音に振り返ると海岸から白い壁が迫ってきた。気付いたときには黒くて冷たい津波に街も人ものみ込まれていた。大船渡市を襲った津波は8メートル以上だったと発表されている。おばあちゃんの親族は全員無事だったが、近所に住んでいた友達の一人と後日遺体で再会したと語った。

震災からよみがえる

倉庫の一階は津波の被害を受けて、家主が大切にしまっておいた思い出の品物や骨董品、衣類品が見るも無惨に散らかっていた。私たち学生はボランティア活動として、津波被害を受けた倉庫の清掃を行ったのだ。約2年半ぶりに開けた倉庫の扉からは埃が舞い上がった。全員マスクと軍手を装着し、黙々と品物を倉庫から引っ張り出して分別作業を開始した。次第に心苦しくなっていった。ほとんどが塩水を被って腐ってしまい原形をとどめていないものだったが、なかには新品同様の品もあり、それらをすべてゴミとして処分することに対しての心苦しさだ。現場にいた学生たちは頭を抱えていた。家主からはすべて捨ててもよいと聞いていたが、度々作業の手が止まってしまう。罪悪感があったが、ボランティア活動の時間は限られたものだったので仕方がなく、すべてを廃棄場に運んだのだった。しかし、被災者の気持ちも汲んであげなければいけないと今振り返る。いろいろな理由、思いがあって約2年半そのままにしてあった倉庫。明るく振る舞っていた家主であったが、扉を開けることは少なからず東日本大震災の記憶を呼び起こすことにもつながったのではないのか。そして、少しでも前を向いて歩き出すために処分しようと決めたのかもしれない。

「被災者目線」でのボランティア活動とは言うものの、その定義は曖昧な気がした。今回携わった一軒だけではなく、まだ震災後手つかずの建物は存在していた。被災地にはボランティアがまだまだ必要であると同時に、ボランティア活動の方向性について今後も考えていく必要があると感じた。震災からの復興はまだまだ始まったばかりであるように、東北地域が復興していくための方法は無限にある。我々のような若い世代と東北の方々が手を組んで、共に東北と日本を元気にしていくべきだ。

東北へ行こう

東日本大震災の記憶、さらに仮設住宅やボランティア活動で出会った人々の苦悩、そして震災から何も変わらない日々。それらを書籍やメディアを通してではなく、現地に行って直接見て聞いたときのインパクトはとても強烈だった。東日本大震災が発生して約2年半が経過したが、発生した当時より被災地が取り上げられる頻度は大幅に少なくなり、東北地域は原発の影響からか次第に遠ざけられるようになった。今回、仮設住宅を訪れて直接会って語ってもらった話がとてもリアルであったように、震災の記憶が残る今だからこそ東北地域を訪れるべきではないのか。世間では「震災からの復興」と言われているが、東北を訪れる前の不安を抱えていた私のようでは、何も進まない。復興を実施していくのは人だからだ。現地の情報を知らないのは当然である。それは東北地域に限らず、ほかの地域についても同じことが言えるのではないだろうか。だとすれば、まず被災地を訪れておのおのが震災を感じ、それを少しでも理解することで真の震災復興が始まっていくのではないのだろうか。被災地の方々は依然として心に大きな傷を抱えている。忘れたい記憶だけれども、一生消えない記憶である。しかし、悲嘆するだけの時期は終わった。東北地域の再生に向けて、被災者の方は未来を向いて歩み始めている。被災地の今の状況を見ることで、私たちも復興に向けて何が必要なのかヒントが得られるのではないだろうか。遠い現場を見ることが復興への一番の近道であると、私はこの報告書を読んでいただいたあなたに強く伝えたい。

最後になってしまったがアンケート調査に協力していただいた地ノ森応急仮設住宅の住民の

大船渡屋台村にて。復興へ向けた取り組みは今後も広がっていくだろう

皆さま、大船渡屋台村で出会ったお母さんとお父さん、突然の参加表明で迷惑をかけてしまったホスピタリティ・マネジメント学科の学生、そして卒業論文執筆に関して多大な支援をしてくださった諸先生方に対して深く感謝を述べたい。ありがとうございました。

東北へ行こうよ！

大船渡市末崎町の紀室ヒロ子さん（73歳）、
かぼちゃの煮付けをごちそうになった

宮古の仮設住宅集会所における、ご婦人方との懇談と会食

記憶することと忘却すること

亜細亜大学経営学部
小林天心

大船渡の朝、早く起きて外に出てみると、真紅の楓と満天星（どうだんつつじ）が目に入ってきた。山々はもう秋の終わりを感じさせる色合いになっている。気温は東京よりやや寒く感じるくらい。大船渡の宿泊先「岩手県立福祉の里センター」の周辺には山が迫り、森と木の匂いがした。しかし津波の被害を受けた地域を回ってみると、目につくのはパワーショベルとダンプカーばかりだ。町も村も、ようやくがれきの撤去だけが何とか終わったという感じで、ほかには何もない。更地があるばかりである。あれから2年半も経っているのに、町も集落も、ほとんどが形をなしていない。

学生たちによるボランティア企画

夏休み前の7月、2年ゼミ生の一人が「東北震災地へのボランティアツアーをやりたい」と言ってきた。大學からの震災地支援活動は2年半やっていない。それでまずコンタクト先として、前回のボランティアツアーの際、宮城県の登米(とめ)で現地受け入れ側としてお世話になった、「くりこま高原自然学校」の佐々木豊志さんを紹介した。学生たち数人はさっそく自費でくりこま高原に出かけ、佐々木さんから震災地域の現状や、ボランティア活動についてのレクチャーを受けてきた。さらに夏休み中にもう一度、岩手県南部の陸前高田から宮古方面に出かけ、釜石の「三陸ひとつなぎ自然学校」や大船渡市の社会福祉協議会を回って、ボランティア活動や震災教育研修の準備・打ち合わせを行ってきたのである。したがって今回のボランティア研修ツアーは、終始学生たちの自主的な行動によって成立した。

それでこちらは大学側への根回しと、同じくツアーに必要なバス代の捻出にかかった。幸いにも、池島学長以下の快諾と半田事務局長のご尽力により、亜細亜学園の後援会と同窓会から前回同様、相当な財政支援を得ることができたので、参加学生たちの費用負担は大幅に軽減されることになった。

夏休みが明けての9月末、おおまかな募集要項ができあがった。日程は11月7日（木）～10日（日）の4日間である。行き先と活動拠点は、陸前高田、大船渡市から釜石、宮古まで。ホスピタリティ・マネジメント学科の学生たちを中心にツアー募集のチラシの配布などを試みたようだが、立ちんぼのチラシ撒きでは、なかなか受け取ってもらえなかったらしい。そこでゼミの先生方などに依頼し、授業の開始前に参加を呼びかけた。一方では学生課の支援を受け、学内へgmailニュースを流したものの、さしたる反応はなかったようである。今後の問題として、「どうやったらこのようなイベントの告知を徹底できるのか」というテーマが残された。

学内における募集・募金など自主的な情宣活動等に関し、つねに「学友会」という、お話にならないほど硬直化しきった組織の壁が立ちはだかってくるらしい。かつて各大学の学友会といえば「国家権力と闘う」を旨とし、誇り高く大学・学友会旗を翻しつつ、街頭デモなどに大衆学生を先導した。いってみれば正義感の塊みたいなものだった。今は大学から与えられた安定収入の上に、組織そのものが存在理由化してしまい、たちの悪い官僚ごっこと幼稚な自己満足のみに終始している。世の中に若い人手が求められるケースは限りない。せめて年に何回か、自分たちが企画・組織したボランティア隊でも繰り出し、学友会の旗幟のもと、自分たちの世界観を鍛えてみてはどうか。大學のブランド構築に関しても、野球部や駅伝部のおんぶに抱っこというのでは、亜大学友会の名がすたる。チャレンジなき、大志なき、既得権に安住するのみの学友会なら、解散する方がいいだろう。

とはいうもののゼミ生中心に、参加申し込みはあっさり50名を超える勢いだった。今回もバス2台かという雰囲気もなくはなかったが、現地受け入れ側の態勢と出発までの時間が限られていたこともあり、参加学生数は最終的に40名で落ち着いた。経営学科と国際関係学部からも、数人ずつの参加を得ることができた。

復興支援というより災害学習

現地で行った活動は、①行政の手が回らない地域の道路や空き地の草刈り、②水につかったままになっていた民家倉庫いっぱいの荷物搬出・ゴミ処理、③流されてしまった写真類の洗浄、④仮設住宅にお邪魔して居住者の方々からお話を伺う、⑤ガイドさんの説明を聞きながらの被災地域見学、など。④に学生たちは食材を持ち込んでご当地風の「ひっつみ汁」を作り、これを食べていただきながらの懇談となった。①は各地で何班かに分かれて行った。現地ボランティアセンターには長靴、軍手、草かきや鎌、箒、スコップなどの道具類一切がそろえられていた。さらには作業箇所への車両による送迎など、受け入れ先である大船渡の社会福祉協議会は、段取りだけでも大変である。こちらが何らかのお役に立てるというより、かえって各地の方々のお手を煩わせつつ、震災や津波に関する学習をさせていただいた、といったあたりが正直なところではなかったか。

印象に残ったのは大船渡の社会福祉協議会に、「現在までの写真洗浄枚数44万6790枚、返却枚数40万711枚」、という表示があったことだ。巨大津波の急襲にあって、着の身着のまま生き延びるのがやっとだった多くの方々に、こうして「戻ってきた写真のみが、残された唯一の財産」というケースが少なくない。だから漂流し水につかった写真、泥の中から回収された写真の一点一点を、決しておろそかにはできないのだと、担当者は語ってくれた。膨大な数のこうした写真洗浄はまだまだ続く。写真の撮られた時代や、フィルムの種類によっても取り扱いのしかたが違う。単に洗って乾かせばいいというものではないのだというお話だった。

巨大堤防は底辺50メートル

現地での2日目午後、大船渡から陸前高田までの津波被害地域を回る研修ツアーがあった。「大船渡ガイドの会」の森るり子さんから、いろいろな説明を受けた。大船渡と陸前高田の間にある箱根山（447メートル）に上ると、左手に大船渡湾や大野湾、右手に広田湾が広がり、彼方には唐桑半島から金華山までが浮かび上がっている。光る海には牡蠣、ホタテ、ホヤなどの養殖いかだがいっぱいに浮かび、ついこの間の大災害などみじんも感じさせない、のびやかな風光が広がっている。しかし視線を足元の方に戻してみると、津波にすっかり洗われた山のふもとから半島の付け根のあたり、道路だけがようやく通じている程度。見渡す限り大がかりな土木工事の真っ最中らしく、ダンプカーなどが走り回っているのが小さく見えるのみである。

陸前高田に行くと、海沿いに巨大な土盛りの工事が進んでいる。真ん中あたりにぽつんと「道の駅・高田松原」が残されていた。このあたりには震災前まで、白い砂浜と7万本もの美しい松原があり、日本有数の「白砂青松」として人気が高かった。それらが大津波でことごとく押し流されたなかに「奇跡の一本松」のみが残され、枯れはしたものの記念物として保存されている。再生し残すべきは7万本の松原であり白砂の海岸であって、一本の人工松ではないはず、と思っている人が少なくないだろう。

道の駅も津波の直撃を受けたが、からくもコンクリートの外壁のみが生き残った。中は当時のまま、惨憺たる状況がリアルに示されている。森さんによると、建設中の巨大堤防は底辺が50メートル、高さ12・5メートル、長さ2キロ。地元の住民たちが津波ショックでいまだ呆然としているうち、さっさと中央官庁で新堤防案がつくられたという。地元ではこんなものを今更という反対論が強いのだが、中央の方針は変わらない。まさにアレックス・カーや開沼博が指摘するままの、「昔陸軍、今国交省」という事態が粛々と進行している。巨大既得権構造がいったん動き出したら止められない仕組みは、ゲンパツも、数百キロに及ぶ堤防群も一緒である。ついでながらこのあたりのいきさつ（利権とカネの流れの仕組み）は、現役エリート官僚が匿名で書いたという『原発ホワイトアウト』（若杉冽、講談社）に、つぶさに描き出されていて面白い。地元の新聞には「無人島にも大堤防」という記事が掲載されていた。やんぬるかな、としか言いようがない。堤防建設が先で街づくりは後、という森さんの口ぶりがやるせなかった。

さらに彼女の話はオリンピックに及んだ。東北各地で行われている復興工事の人手が、オリンピック関連の工事が始まるとそっちにとられてしまうのではないか。人足代も東北では切り詰めた形でしか出すことができない。となると、一層、復興作業に遅れが出てしまう。オリンピック誘致で、日本全体が一気に盛り上がったようなマスコミ報道だが、再び東北が置き去りにされるのではないか、と彼女は地元の声を代弁した。

大震災・大津波に対しては世界中の人々から、なかんずくアジア・アフリカなどの後進諸国に住む人々からも、なけなしの「食費まで切り詰めての善意」が贈られたのは記憶に新しい。しかしゲンパツに関し、わが首相が率先して再開を引っ張り、あろうことか諸外国への原発セールスにまで懸命である。それで思い出したが、かつての高度経済成長期、日本の首相は「トランジスタのセールスマン」と、フランスの大統領だったかに揶揄されたことがある。トランジスタが原発にまでスケールアップしたことを、またどこかの大統領に褒めてもらえるといいが。

オリンピックが声高に叫ばれる一方では、早くも東北の地域が置き去りにされようとしているかのごとく。大津波に対し同情してくれた世界中の人々が、この事態を目にしたらどう感じるであろう。文字通りの「貧者の一灯」が、ないがしろにされている。多くの人々の気持ちを踏みにじっていることになっているのではないか。大江健三郎は「われわれは侮辱されている」と語っているが、わが首相はまさに世界中を侮辱しているかのごとくである。もしかして首相にとっての救世主は、小泉純一郎ということになるかもしれない。彼の「ゲンパツ即時廃止」という言説を、世論が強く後押しすることを願わずにはいられない。

どこだったか思い出せないのだが、最近読んだ本の中に「今だけ、金だけ、自分だけ」という、最近の日本の風潮を揶揄した軽口があった。かたや経済成長、かたやオリンピック、という大騒ぎを見るにつけ、「パンとサーカス」で亡んだというローマ帝国の末路を連想する。劣化が激しいという日本の政治はどこまで落ちて行くのか。国家の倫理とか品格などといわれても、ピンとこないレベルでしかないようだ。

忘れたいこと、忘れてはならないこと

現地の方々のお話を伺っている中に「東北のことを忘れないでいてほしい」、あるいは「忘れられてしまうのが怖い」という声が少なくなかった。それで思い当たったのは、気仙沼市街の中心に鎮座した巨大な貨物船とか、ビルの屋上に乗っかったバスなどのことである。当初はこれらを「大津波記念物」として保存・展示するべきだという声があった。津波の恐ろしさを忘れないために、である。しかし地元の人々は、一刻も早くつらい記憶を忘れたいという理由から、これらの撤去を求めたという。先に書いた「一本松」はどうか。ここに、「記憶することと忘却すること」の、まことに辛い二律背反がある。広島の原爆記念館も同じだった。あれが「保存」と決定されるまでに、数年にも及ぶ議論があったという。その結果はご存知のとおり、「人類共通の財産」として、世界中の人々に原爆とはどういうものなのかを訴え続けている。

逃げる判断を誤ったため、多くの子どもたちが亡くなった小学校と、適切な判断によって全員が救われた小学校の対比が、教訓として語られている。外の人たちも忘れてはならないと同時に、内の人たちこそ忘れてはならないことが、いっぱいあるに違いない。ガイドの森さんの話を聞きながら、記念物とは「念じて記すこと、手がかりを残すことだ」と思った。せめてあの貨物船くらいは残すべきだったのではないかと、残念でならない。世界中の子どもたちにもしっかり見せ、語り継ぐべき財産だったのにと、あらためて思わざるを得なかった。このようなさまざまな話題は、すでに中央のマスコミでも報じられてきている。しかし学生たち共々、現地に赴き、こうした諸環境を目の当たりにしつつリアルなお話をうかがうと、受けるインパクトは破格である。

夏にカナダ西海岸、アラスカのすぐ南にあるクイーンシャーロット島（ハイダグワイ）に行った際、現地の国立公園管理官の小屋の壁に、大船渡の漁船からと思われる救命ブイが架けられていた。漂着ゴミの問題も各地で出された。今回の大津波は、太平洋を通じて各地・各国とつながっている。決して他人ごとではないと、世界の人々は感じている。そうした記憶をつなぐためにも、「まっさらに戻して巨大堤防さえつくればいい」といったやり口に、激しい違和感、というより怒りさえ感じてしまうのだ。

まずは行動せよ、そして考えよ

3日目の朝早く、大船渡を出て釜石経由で宮古に向かった。宮古の仮設住宅にお邪魔して、そこに住んでおられる方々のお話を伺うためである。釜石の先に室浜という集落跡があった。何もない浜辺にコンビニがひとつだけ、ポツンと店を開いている。周辺にはパワーショベル群。どこに行っても同じような光景を目にする。やがて吉里吉里（きりきり）のサイン。独特な名前を持つ一寒村を「日本から独立する」というテーマで描き、稀代の名作（『吉里吉里人』）をものにした井上ひさしさんは、この風景をどう表現するだろう。そして「がんばろう山田町」という大きな看板。その近くに「HOTEL Sweet エーゲ海」という広告板が残っていて、いささかせつない。岩手県南部に暴風注意報、という電光掲示が45号線につづく中を宮古に着いた。仮設住宅の集会所には比較的高齢のご婦人方が十数人、雨中にもかかわらず集まって学生たちとの懇談に加わってくれた。どういうわけか男性の姿がない。が、彼女たちは一様に明るい。いろいろな各地の見聞に気おされ気味の学生たちの方が、かえって励まされている。中の一人が3・11の生々しい映像CDを、テレビ画面に映し出して見せてくれた。すさまじい濁流が、人家や車をのみ込んでゆくシーンが映されている。現場での撮影者や周囲の人たちの声も記録されていて、見ている方は学生たちもご婦人方も声がなかった。

現地における毎晩のミーティングや、帰路のバスの中での感想コメントにも、学生たちからここに記したことなどを含めての、多くの点が挙げられていた。それぞれに感じたことがいっぱいあった。今回のツアー募集に対し、「どうせ行ったところで、たいしたことができるわけでもない」というシニカルな反応が少なくなかったと聞く。ツアー募集の際、「きれいに塗った爪を汚したくないのよね」と語った、能天気女子がいたとも。東北のばあちゃんたちの、爪の垢でも煎じて飲ませる以外、つける薬がないようだ。

それでもなお、何もしないよりは行動すべきなのである。山は登ってみなければわからない。山頂からどんな風景が展開しているか、自分がどんな感覚でそれを受け止めるかわからない。現場に身をおくことから、思ってもみなかった学びがある。世間ずれした大人並みの言い訳や、行かない口実探しは見苦しい。

世界によって自分が変えられないように

今回のツアーを企画し、実行してくれた学生諸君に、あらためて敬意を表したい。全面的支援を惜しまなかった大学当局に対しても同様である。学生たちは、亜細亜大学職員諸氏と経営学部教授会からの募金にポケットマネーを加え、三陸ひとつなぎ自然学校の伊藤聡さんに託した。わずかながら、子どもたちのための何かにお役立ていただくためである。この場をお借りして、募金に応じてくださった教職員各位に謝意を表しておきたい。

「あなた方のすることのほとんどは無意味であるが、それでもしなくてはならない。そうしたことをするのは、世界を変えるためではなく、世界によって自分が変えられないようにする

ためである」(ガンジー)

これは白井聡『永続敗戦論』(太田出版)からの孫引きである。さらに当文のタイトルは、最近読んだジョン・ダワーの『忘却のしかた、記憶のしかた』(岩波書店)から連想した気配がなくはない。この本のテーマは戦争なのだが、基本的なところで日本の原発問題とも、大津波とも通底している。双方から触発される点が少なくなかったので、あえてここに記しておく。なお学生諸君には吉村昭の作品『三陸海岸大津波』(文春文庫)を勧める。さらに『宮本常一と歩いた昭和の日本⑭』にも、宮本さんが書かれた「津波・高波」という文章が収録されている。多くの優れた記録がこのほかにも残されているのだが、世代が変わるごとにそれらは忘れ去られていってしまう。

今回のツアーに参加した1年生たちから、来年もまたこの続きをやりたいという声が上がっているようだ。よからぬ世間の風潮や、右顧左眄のマスコミなど「世界によって自分が変えられないように」、現場を見ることからしっかり学んでほしい。学生のうちだからこそ、やっておかねばならないことである。ただしこうした問題意識は、べつに東北に限られたことではない。

さきの箱根山の中腹に「気仙大工左官伝承館」という、東北の民俗資料館がある。文字どおり東北の古民家など、伝統的建造物をつくる技術を伝えるため、釘などは一切使わないで建てられているという。茅葺きの上に瓦屋根が載せられた、実に堂々としたたたずまい。なんだかとても懐かしく、なおかつ美しい。山水庭園の一隅に、みごとに紅葉したどうだんが一本だけ植えられていた。少しもゆるぎない、すばらしい東北の自然と文化が示されている。ツアーの途中で立ち寄ったわずかな時間だったが、今回のうちでも印象深い、しかも全然期待しなかったひとときだった。

【関連書籍紹介①】

ボランティア活動から学ぶために
『災害を生き抜く』

広瀬敏道　著（みくに出版）

つい先ごろまで、「日本エコツーリズムセンター」や「RQ市民災害救援センター」の中心的な役割をこなされてきた広瀬敏道さんが、2014年3月に、ここに掲げた『災害を生き抜く』という本

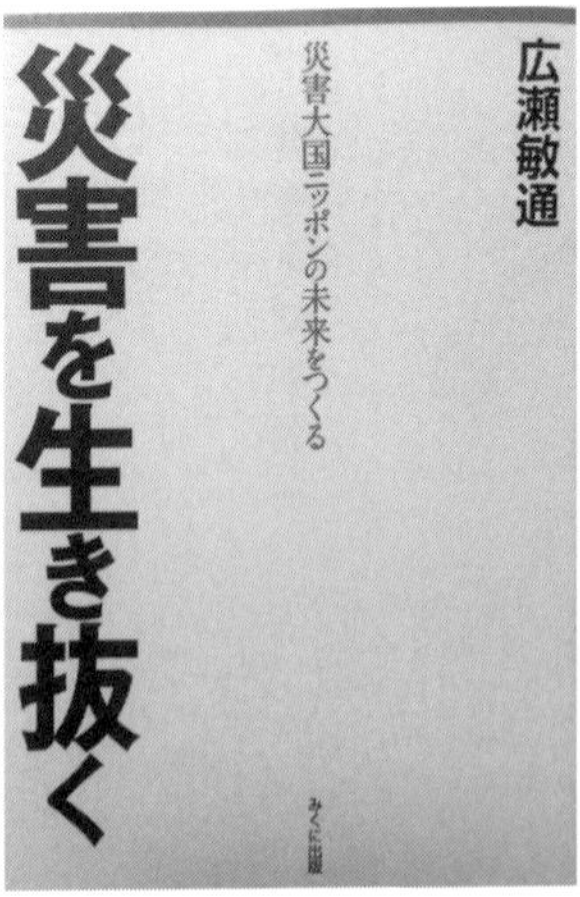

『災害を生き抜く』
広瀬敏道　著
みくに出版
1500円＋税

を出版した。

筆者の自然災害に対する心構え、対応のしかたから始まり、日本におけるボランティア活動の生い立ち、自然環境、社会、心理までが、とてもわかりやすく体系的に記述されている。具体的なボランティア活動のみならず、そうした活動から何をどう学ぶのかという教育的側面からの丁寧な理論化もきちんとなされた。彼は過去30年以上にわたり、国際・国内における災害救援活動、自然体験学習などの面において指導的役割を担ってきた第一人者である。歴史的な視点、あるいは世界史的な視野から客観的なデータを効果的に使いつつ、きわめて説得力の高いボランティア論が、あるいは広瀬さんのこうした分野における哲学までが語られている。これからボランティア活動について、あるいは日本における様々な災害に対する理解と対応を学ぼうとする者にとっては必読書となるに違いない。

なお広瀬さんが学生に勧めるテキストとして、災害とボランティアに関し多くの文献の中から5冊を挙げられたので、ここにそれらを併せ紹介しておきたい。

①『生き残る判断 生き残れない行動』アマンダ・リプリー　著　岡真知子　訳（光文社）
②『東京灰燼記』大曲駒村　著（中公新書）
③『人はなぜ逃げ遅れるのか　災害の心理学』広瀬弘忠　著（集英社新書）
④『災害ユートピア　なぜそのとき特別な共同体が立ち上がるのか』レベッカ・ソルニット　著　高月園子　訳（亜紀書房）
⑤『TSUNAMI 津波』高嶋哲夫　著（集英社文庫）

【関連書籍紹介②】

被災地でのボランティアを経験した学生たちの「生」の声を掲載

『東日本大震災ボランティア活動報告書』

亜細亜大学経営学部（虹有社）

亜細亜大学経営学部の学生が主体となり、大学と協同しながらボランティアツアーを計画。宮城県でボランティア活動を行い、その体験をまとめた第1回ボランティア活動のレポート集。学生たちが感じたことを、自分たちの言葉で綴っています。（2011年9月26日　第1刷発行）

『東日本大震災ボランティア活動報告書』
亜細亜大学経営学部
虹有社
500円＋税

電子書籍版発売中

**ご購入は、
honto、楽天 kobo などの
主要電子書籍ストアで。**

奥の傾いた民家の倉庫から出された大量の「ゴミ」

宮古仮設住宅の皆さんと、会食の後、記念撮影

大船渡市市街、花壇の草を刈り取って来春の種まきに備える

紀室さんが出してくださったかぼちゃをご馳走になる学生たち

ひっつみ鍋を作っている。味の方も幸いにして好評だった

広田湾に浮かぶ養殖牡蠣などのいかだ群（箱根山の展望台から）

おわりに

２０１３年11月7日から10日の４日間。総勢40人の学生が大きなバスで向かった先は、岩手県宮古市・釜石市・大船渡市の３つの地域である。そこでの活動を通し、学生たちは戸惑い考え、行動した。そして自分たちの思いを形に残し、伝えていくため、この報告書を作成することとなった。

学生一人が現地に行ってできることは少ない。みな自分のしたことは微力だったと感じている。だが、微力だったからもう行かないのか。微力だったから意味がないと思うのか。そうではない。だからこそ、ボランティアという形だけでなく、「学ぶ」ということが大事なのではないだろうか。本でもいい、テレビの特集でもいい、「知る」ことはできる。だができることならば現地に赴き、現地の人と言葉を交わし、自分の目で東日本大震災を見る。これは何にも代えがたい大きな財産になる。私たちが学んだことの大きさは計り知れない。

第1回目のボランティアの報告書である『東日本大震災ボランティア活動報告書』の編集後記に「はじまり」とある。前回の報告書が形となり、後輩の学生たちのもとに届いていたからこそ、今回のボランティアツアーが企画されたのだ。私たちはその「はじまり」を受け継ぎ、またこのような本の形で残していくことができた。この新たな報告書がまた次なる活動の糸口となるなら、それ以上にうれしいことはない。そしてまた、誰かがどこかでこれを手に取り、私たちが被災地で感じたことをくみ取ってくださるなら、なおうれしい。この本が、被災地に足を運んだことがない一人でも多くの方に、自分の足で自分の目で、現場を見に行くきっかけとなることを願う。

最後に報告書の刊行にあたり、今回のボランティア・研修活動を支えてくださいました池島政広学長、教員・職員の方々、半田金三事務局長、原仁司経営学部長、亜細亜学園後援会、同窓会青々会、そして現地でわれわれをご指導くださいました、くりこま高原自然学校の佐々木豊志さん、三陸ひとつなぎ自然学校の伊藤聡さん、大船渡市社会福祉協議会の伊藤勉さんをはじめとする多くの皆様方、本当にありがとうございました。さらに、この報告書刊行までひとかたならぬご尽力をいただきました虹有社の中島伸社長に、心より御礼申し上げます。

２０１４年3月7日

編集担当　亜細亜大学経営学部ホスピタリティ・マネジメント学科　2年　清水怜奈

地元の方と一緒に郷土料理を作り、交流を楽しんだ

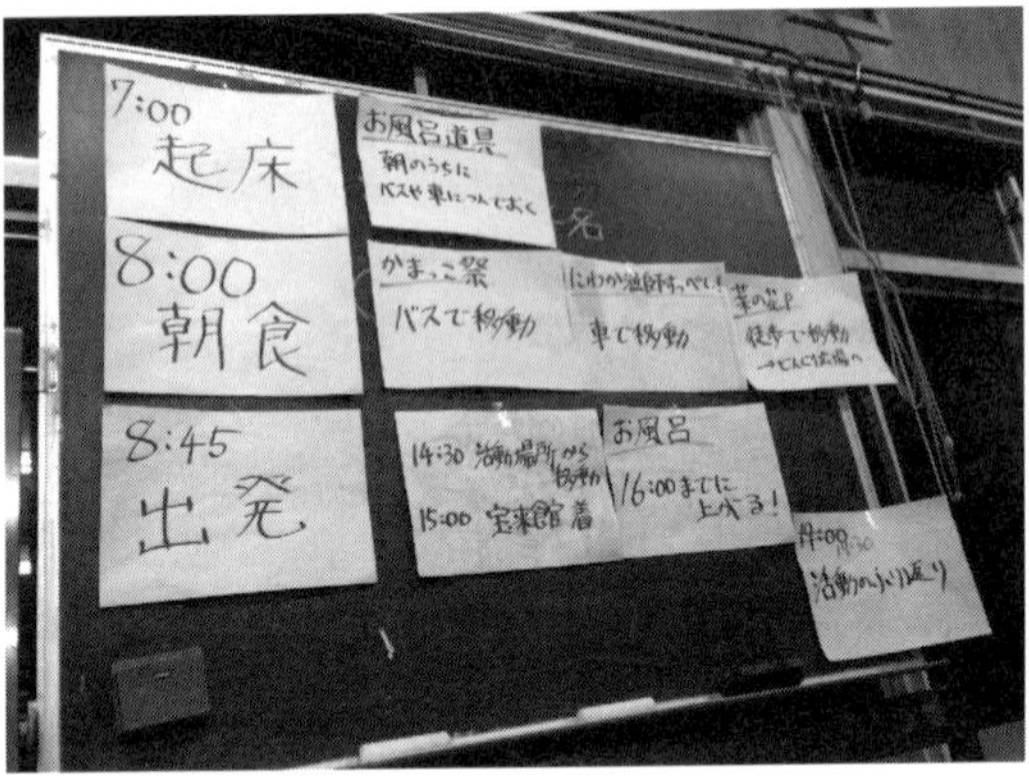
7:00
起床
8:00
朝食
8:45
出発
お風呂道具
朝のうちに
バスや車につんでおく
かまっこ祭
バスで移動
車で移動
14:30 活動場所から移動
15:00 宝来館着
お風呂
16:00までに上がる!
活動のふり返り

釜石班の行動予定表

今回感じたことを、次の行動につなげていきたい

忘れてはならないこと

東日本大震災ボランティア活動報告書 Vol.2

2014年4月2日　第1刷発行

亜細亜大学経営学部
ホスピタリティ・マネジメント学科

デザイン　菅家 恵美
地　図　小林 哲也

発行者　中島 伸

発行所　株式会社　虹有社《こうゆうしゃ》
〒112-0011　東京都文京区千石4-24-2-603
電 話　03-3944-0230
FAX　03-3944-0231
http://www.kohyusha.co.jp
info@kohyusha.co.jp

印刷・製本　シナノ印刷株式会社

Printed in Japan
ISBN978-4-7709-0062-3
乱丁・落丁本はお取り替え致します。